できる効率的な実務が満載

らく

資本金1円、3日間
1人でできる!

株式会社
設立&経営のすべてがわかる本

山端康幸［編］　東京シティ税理士事務所［著］

〈改訂2版〉

あさ出版

はじめに

株式会社をつくることは、新しいアイデアや優れた技術・知識をビジネスにするうえで、税金や資金の調達、信用面など、さまざまなメリットがあり、とても有効な手段です。

そして、この株式会社をできるだけ早く立ち上げて、ビジネスを始めたいというのは、起業をしようという人なら誰もが抱く自然な感情でしょう。

そこで、本書では、お金をかけず、手間をかけず、時間もかけずに、そして1人でも行える、株式会社の設立方法を紹介します。

「夢と勇気とサム・マネー」があれば会社を始めることができるのです。

また、会社は設立して終わりではありません。その後の経理から、節税対策、決算・税務申告まで、株式会社の経営に必要なポイントをすべて網羅しました。

一方で、新しくビジネスを始める人たちは、このような「余計な実務」に手をわずらわされることなく、「本業」に専念したいというのが本音でしょう。

そのようなニーズを踏まえて、読者の方がご自分のビジネスに打ち込める「合理的な」経理やその他の実務の手法も解説しています。

本書をおおいに活用してあなたのビジネスを成功に導いていただければ幸いです。

「人生において大事なことは、夢と勇気とサム・マネー」

——チャールズ・チャップリン（映画『ライムライト』より）

編著者一同

Contents

はじめに　2

第1章 株式会社はカンタンにつくれます

1 資本金が1円でも会社がつくれます　14
「1円株式会社」の設立が可能です

2 取締役が1人でも会社がつくれます　15
「1人株式会社」の設立が可能です

3 商号を原則自由につけられます　16
規制はなくなりましたが、類似した名前はさけましょう

4 設立時に、銀行の「払込金保管証明書」を提出する必要がありません　17
通帳のコピーでも認められます

5 現金以外の車や不動産等を資本金とすることができます　18
「現物出資」も可能です

6 決算公告が自社のホームページで行えます　19
官報や新聞に掲載するよりも割安です

7 さまざまな活動で自由度が高い反面、自己責任が求められています　21
多様な機関設計が行えます
会計参与制度が設けられています
株式の種類と権限を自由に決められます
計算書類は「企業会計の慣行を斟酌」します
みなし解散の期間は延長、清算手続は簡略化されています

第2章 株式会社をつくりましょう 資本金1円・取締役1人の株式会社を3日で設立しましょう

1 設立スケジュールを立てます　23
3日間の手続で設立できます

2 設立費用の目安を立てましょう　28
費用は24万円前後です

3 事前に株式会社の概要を決めておきます　29
最初に、株式会社の概要を決めましょう
準備1→商号を決めます
準備2→本店所在地を決めます
準備3→目的を決めます

準備4→役員を決めます
準備5→資本金・発行株式数・発行価額・発行可能株式数を決めます
準備6→事業年度・株主総会の開催日を決めます
準備7→課税標準額・登録免許税を計算します
準備8→株式譲渡承認機関を決めます
準備9→公告の方法を決めます
準備10→払込取扱金融機関を決めます
準備11→公証人役場を決めます
準備12→発起人（出資者）を決めます
準備13→取締役の任期を決めます
準備14→交通費や証明書の費用を用意します
準備15→代表者印を作成します

4 【1日目】設立のための書類を入手し、定款を作成しましょう 52
午前8時30分→市区町村庁舎へ行きます
午前10時30分→法務局出張所へ行きます
午後1時30分→定款作成に着手します

5 【2日目】定款の認証を受け、設立のための書類をつくりましょう 60
午前9時→作成した定款に誤り等がないか最後の確認をします
午前10時→銀行等へ行き、現金の用意をします
午前10時30分→製本した定款を公証人役場に持っていきます
午後1時→銀行で資本金の払込をします
午後1時30分→引き続き書類を作成します

6 【3日目】登記申請を行い、株式会社を発足させましょう 73
登記申請の方法と流れを確認しましょう
午前9時→登記申請書類の準備をします
午後1時→法務局で登記申請書類を提出します

7 【補正確認日】登記が完了したら各種届出書類を取得しましょう 78
午前10時→登記が完了です
午前10時30分→法務局で「登記事項証明書」「印鑑証明書」を入手します
午後1時→銀行で資本金を会社名義の口座に振り替えます
登記をオンラインで申請してみましょう

第3章 設立後に必要な届出・手続を行いましょう

1 税務署への届出を行います 90
「法人設立届出書」を提出します
「給与支払事務所等の開設届出書」を提出します

Contents

「源泉所得税の納期の特例の承認に関する申請書」を提出します
「青色申告の承認申請書」を提出します
「棚卸資産の評価方法の届出書」を提出します
「減価償却資産の償却方法の届出書」を提出します

2 消費税の課税事業者になるか検討してください 104
必要に応じて「消費税課税事業者選択届出書」を提出します
帳簿等に相手先を記載する必要があります
インボイスの発行事業者に登録します

3 地方自治体への届出を行います 109
「法人設立届出書」を提出します

4 年金事務所への届出を行います 111
「健康保険　厚生年金保険新規適用届」等を提出します

5 労働基準監督署・公共職業安定所で労働保険の手続を行います 118
「労働保険　保険関係成立届」等を提出します
「雇用保険適用事業所設置届」「雇用保険被保険者資格取得届」を提出します

第4章 さあ、業務開始です 手間をかけずに帳簿づけをしましょう

1 経理の基本を確認しておきましょう 126
とにかく「整理整頓」が原則です
毎日の取引を几帳面に帳簿に記します
会計ソフトや税理士等の「パートナー」をつくります

2 事業のための取引書類を用意します 129
見積書、納品書、請求書、領収書の書式をつくります
受け取った経費の請求書、領収書は必ず綴ります
取引書類の保存期間は10年です
会社印、ゴム印を作成しておきます
FAX送信表等も作成しておくと効率的に作業ができます

3 経理に必要な7つの帳簿 138
商売ですから帳簿づけは正確さを心がけましょう

4 実は預金通帳と現金出納帳があれば帳簿はほぼ完成です 142
売上、経費、仕入のすべてが預金通帳で把握できます
残りの最小限の現金取引を記録するのが現金出納帳です

5 現金出納帳の役割と記入方法をつかみましょう 144
現金の流れを把握するのが現金出納帳です
細かい経費を支払うために金庫を準備しましょう
現金出納帳に記入してみましょう
金種表を作成し、入出金のチェックをします

6 普通預金通帳は記帳のいらないカンタン帳簿です 149
預金口座は1つが基本です
支払は原則、預金口座から行いましょう

7 正確な売上を把握するために売掛帳をつくります 152
即金ではない売上の管理を行うのが売掛帳です

8 正確な仕入を把握するために買掛帳をつくります 154
即金ではない仕入の管理を行うのが買掛帳です

9 資産の管理は固定資産台帳で行います 156
会社の所有資産を把握するのが固定資産台帳です

10 給料の計算をして、賃金台帳を作成しましょう 157
給料を計算してみましょう
賃金台帳を作成します
同時に、給与明細を作成しましょう
賞与の計算も同様に行います

11 すべての取引を勘定科目で区分し、集計しましょう 164
1年間のすべての取引を分類する科目が勘定科目です
勘定科目の数は必要最小限にとどめましょう

12 すべての勘定科目ごとの取引を複式簿記により総勘定元帳に記帳しましょう 169
すべての取引を「借方」「貸方」に分けて記帳するのが複式簿記です
3つの伝票を使って、総勘定元帳を作成しましょう
会計ソフトを使えば伝票を省略することもできます

13 月に1度は試算表を作成しましょう 175
経理ミスの防止、経営分析等に有効です

第5章 株式会社の節税の秘策、教えます

1 なにはともあれ青色申告を選択しましょう 178
白色申告より断然青色申告です
青色申告によってここまで節税が可能になります

2 資産購入は30万円未満に抑えましょう 180
固定資産は一括して損金処理ができません
全額必要経費にできる固定資産の購入方法があります

3 家族を役員・従業員にすると給料を経費にすることができます 182
社長自身にも給料を払うことができます
適正な額の設定がポイントです

Contents

4 領収書のない支払も経費になります 185
出金伝票を切って領収書の代わりにします

5 代金の受領は振込にしましょう 188
領収書の印紙代はばかにできません
振込を活用して領収書を発行しない方法があります

第6章 事業に専念するための「手抜き」の方法、教えます

1 源泉所得税の納付は年2回払いで済ませましょう 192
毎月の納付は手間がかかり、払い忘れのリスクもあります
「納期の特例」手続で年2回払いにしましょう
10人未満の会社なら迷わず選択してください

2 たな卸は手間と時間のかからない評価法を選びましょう 200
年度末に商品や原材料等を把握、評価して金額に換算します
手間と時間のかからない評価法の選択がポイントです
選択手続を行わないと最終仕入原価法が採用されます
期末棚卸高明細表をつくりましょう

3 売掛代金は集金よりも振込にしましょう 205
銀行振込は手間もリスクもない回収法です

4 現金売上もすべて普通預金に入金しましょう 208
現金出納帳への記帳が少なくなります

5 経費の支払は自動振替支払制度を利用しましょう 212
混雑する窓口に行くことほど時間のムダはありません
自動引き落としを利用しましょう
定額自動振替サービスを利用しましょう
総合振込サービスを利用しましょう
FAXサービスを利用しましょう
インターネットバンキングを利用しましょう

6 仕入代金はすべて振込支払にしましょう 215
自動振込サービスで事務手続を効率化しましょう
振込手数料の扱いに注意してください
振込の控えを領収書としてもらいます

7 小切手、手形を使わずに取引してください 217
小切手、手形は時代遅れです
小切手、手形にはコストとリスクがつきものです

8 消費税の計算には簡易課税という制度があります 220

「簡易課税」という計算方法があります
簡易課税を選択する会社は課税事業者であることが前提です
帳簿づけの手間が大幅に緩和されます
簡易課税の選択には届出が必要です

9 消費税は税込処理で統一しましょう 225

作業量は税抜処理の半分です
「課税」「非課税」「不課税」の区分は忘れずに

10 従業員の給与振込の銀行口座は事業の口座と同じ支店で開設しましょう 232

雇用時に口座開設を義務づけてください
支払のスピードが速く、手数料も抑えられます

第7章 1年間の事業のまとめです 決算を行いましょう

1 決算は1年の成績をまとめる手続です 236

決算をして損益計算書と貸借対照表をつくります
決算整理前残高試算表を作成しておきます

2 事業年度終了日の在庫高を把握します 240

たな卸は実地で行うのが基本です
たな卸高を求めたら、売上原価がわかります
帳簿上のたな卸高と実地上たな卸高の調整が必要な場合があります

3 固定資産の減価償却費を計上してください 244

今年経費化できる固定資産の額を計上します
定額法か定率法かを選び減価償却費の額を計算します
一括して償却できる資産があります
中古資産の耐用年数はどう計算するか
固定資産台帳をつくり、記帳、管理しましょう

4 繰延資産の減価償却費を計上してください 260

今年経費化できる繰延資産の額を計算します

5 当期に含まれる収入、費用、含まれない収入、費用を確認、計上します 262

期をまたいだ収益や費用の期間対応調整をします

6 決算のための仕訳を行い、精算表をつくりましょう 264

これまでの手順を実際に行ってください
精算表ができたら、それをもとに決算書をつくります

Contents

7 貸借対照表をつくります 268
「資産」「負債」「純資産」ごとに記入しましょう

8 損益計算書をつくります 271
「売上総利益」「営業利益」「経常利益」「税引前当期純利益」「当期純利益」ごとに記入しましょう

9 株主資本等変動計算書もつくります 274
資本の変動を明らかにする書類です

10 個別注記表をつくります 276
貸借対照表等への注記事項で代替できます

第8章 税金の申告を行いましょう

1 株式会社にはさまざまな税金がかかります 278
国税・地方税、賦課課税・申告納税とさまざまです

2 納める法人税、法人住民税、法人事業税、消費税を計算してください 281
管轄が異なるので申告先が異なります
事業年度終了から2カ月以内に申告、納税します
正しく申告しないと別途税金を払わなければいけません
法人税を計算しましょう
法人税は青色申告が有利です
法人住民税を計算しましょう
法人事業税を計算しましょう
地方法人特別税を計算しましょう
消費税を計算しましょう

3 税務申告書を作成、提出して税金を納めます 292
税務申告書を作成しましょう
慣れないうちは、提出は持参にしましょう
納税は期限日の午後3時までに銀行で済ませましょう
税務署等から控えが戻ってきたらファイリングしておきましょう
申告書の提出、納税をインターネットでしてみましょう

定款モデル 297

第1章

株式会社はカンタンにつくれます

会社を設立するためのハードルは、資本金が1円でもよかったり、取締役が1人でもよかったりと、とても低いものになっています。これらの設立のための条件を規定しているのが、会社法という法律です。まずはこの会社法の概要を見てみましょう。

1 資本金が1円でも会社がつくれます

■「1円株式会社」の設立が可能です

かつて、株式会社設立のためには1000万円以上、有限会社設立のためには300万円以上の資本金が必要でした。

資本金1円の株式会社も存在していましたが、特例的に認められているにすぎませんでした。

しかし会社法では、この資本金について下限額という制限を設けていません。

つまり、例外なく、すべての人が、資本金の額にかかわらず、株式会社を設立することが可能です。

資本金は1円でも、300万円でも、1000万円でも、いくらでも構いません。

お金をかけなくても起業することができるのです。

2 取締役が1人でも会社がつくれます

「1人株式会社」の設立が可能です

取締役会を設置する会社については、取締役を3人以上、監査役か会計参与を置く必要があります。

その一方で、株式譲渡制限会社（定款で株式を譲渡する場合に、取締役会の承認を必要とする等の制限をつけている会社）については、取締役1人以上、監査役は必要なしと定められています。本書で設立する会社は、この株式譲渡制限会社です。

会社をつくるとき、人数合わせのために親戚に頭を下げて、名義のみの取締役になってもらう必要はありません。

1人でも株式会社が設立できるのです。

3

商号を原則自由につけられます

規制はなくなりましたが、類似した名前はさけましょう

同じ市町村内に事業目的が同じで、「商号」(「株式会社リザルト」等の会社の名称)が同じであることを「類似商号」と言います。

かつては、この「類似商号」が禁止されていたため、会社設立に当たっては、これを事前に調査することが不可欠でした。

現在は、住所さえ異なれば、同じ商号でも法務局では登記を受けつけてくれます。そのため、会社の名称を原則自由につけることができます。

その一方で、類似商号の場合、会社法第８条(不正の目的をもって、他の会社であると誤認されるおそれのある名称又は商号を使用してはならない)及び不正競争防止法の規定により、同じ商号の会社から、商号の差し止め請求や損害賠償請求を起こされるリスクがあります。

このようなことを考えると、類似商号を事前に調査して、さけておくのが賢明でしょう。

4 設立時に、銀行の「払込金保管証明書」を提出する必要がありません

通帳のコピーでも認められます

会社を設立する際、株主を募集して株を引き受けてもらう「募集設立」では、資本金を銀行に預け入れて、「払込金保管証明書」を発行してもらい、提出することが義務づけられています。

しかし、この証明書を発行してもらうのがひと苦労でした。時間がかかるばかりか、場合によっては証明書の発行を断られることもあります。銀行は会社の不法設立やマネーロンダリングの防止のため慎重に審査を行います。取引がない相手だと、素性がわかりにくいため、慎重に対応してしまうのは、やむをえないことだといえるでしょう。

一方「発起設立」（発起人以外の株主を募集せず、発起人が株式をすべて引き受ける場合の設立を言います）の場合に限って、この払込金保管証明書に代えて、払込があったページの通帳コピーに、自作の払込証明書をつけることで認められます。

本書ではこの「発起設立」の方法をご紹介します。

5 現金以外の車や不動産等を資本金とすることができます

■「現物出資」も可能です

本書は、少額の資本金で、新規に株式会社を設立する手続について説明します。しかし、すでに事業をしている個人が、その事業を、株式会社に変更することも少なくないでしょう。この場合、個人事業で使っている車やパソコン、不動産等を引き続き会社で使用することになりますが、例えば、資本金を1円にした株式会社では、これらの資産を購入する資本金が存在しません。そうすると、社長が会社に資金を貸し付けてこれらの資産を個人から購入するということになります。

このような手続を踏まなくても、これらの事業用資産を直接現物で資本金とすることができます。これを「現物出資」と言います。このとき、資本金は事業用資産の時価で評価されますから、資本金は1円ではなくなります。

6 決算公告が自社のホームページで行えます

官報や新聞に掲載するよりも割安です

株式会社では決算公告が義務化されています。会社法ではこの公告義務を怠ると罰金が科されることが明記されています。

公告の方法ですが、「官報に掲載する」「『日本経済新聞』に掲載する」他に、自社のホームページ上で行うことが認められています。

官報や日本経済新聞への掲載には、次ページで記した料金がかかります。

もし、起業に当たってホームページを持つことを考えているならば、自社のホームページに掲載する方が割安と言えるのではないでしょうか。

商工団体、税理士の団体等で廉価に、ホームページでの決算公告を請け負っているところもあります。ぜひ、ご検討ください。

「決算公告」掲載料（参考）

官報

小会社	最小2枠	74,331円
中会社	最小3枠	111,497円
大会社	最小4枠	148,662円

日本経済新聞

2段　1/8	570,000円
2段　1/6	760,000円
3段　1/8	855,000円
3段　1/6	1,140,000円

7 さまざまな活動で自由度が高い反面、自己責任が求められています

多様な機関設計が行えます

このように、会社の設立にあたって自由度が高いのが会社法の特徴です。反面、それだけ自己責任が求められているともいえます。そのほかの特徴も見ていきましょう。まずは会社の機関設計です（取締役や監査役等は「機関」と呼ばれます）。

- 取締役会等の合議機関の設置や監査役等のチェック機関の設置が自由に行えます
- 取締役の無過失責任が過失責任になっています
- 取締役、監査役、会計参与の任期を最長10年にすることが可能です

会計参与制度が設けられています

会社法では「会計参与」という機関が設けられています。

会計参与になれるのは、税理士、税理士法人、公認会計士、監査法人で、取締役と共同して

計算書類を作成し、それを5年間保存し、株主・債権者等の請求でこれを閲覧させること、謄本を交付することが定められています。

また、会計参与は、取締役の不正行為、法令違反、定款違反等の重大事実を発見した場合、株主に報告する義務が課せられています。

株式の種類と権限を自由に決められます

- 株券発行が不要です。発行したい会社は定款に定める必要があります
- 種類株式（配当や議決権、譲渡の有無等異なる内容の株式）を発行できます（一部の株式に譲渡制限を付すことができ、会社の大小にかかわらず活用できます）

計算書類は「企業会計の慣行を斟酌」します

会社法では、会計は従来までの「一般に公正妥当と認められる企業会計の慣行に従うもの」から、「一般に公正妥当と認められる企業会計の慣行を斟酌すべし」とされています。

みなし解散の期間は延長、清算手続は簡略化されています

みなし解散（5年間登記しない場合）が12年になり、清算手続も簡便化されています。

第2章

株式会社をつくりましょう
資本金1円・取締役1人の株式会社を3日で設立しましょう

それでは、さっそく株式会社をつくりましょう。ここでは、1人でできる、もっともリーズナブルかつスピーディな方法として、資本金1円の会社を3日間の手続でつくるやり方を紹介します。もちろん、皆さんの計画に応じて資本金、日数は自由にアレンジが可能です。まずは、タイムスケジュールから確認しましょう。

1 設立スケジュールを立てます

3日間の手続で設立できます

まずは、設立のアウトラインを確認しましょう。本書では坂本久志さんが1人で、資本金1円の株式会社リザルトを設立することを前提に、設立手続を説明していきます。会社を設立するには、一定のルールに従って書類を作成し、法務局に提出します（登記申請）。最短3日間で行えます（平日で3日間。本文の日付は目安です。実際の曜日とは関係ありません）。

手続に入る前に、あらかじめ株式会社の名前や目的、活動場所等を決めておきます。

そして初日は、市区町村で印鑑証明書の発行、法務局で類似した会社名がないかの調査、提出書類を入手して、定款を作成します。2日目は、公証人役場で定款の認証、銀行で資本金の払込を行い、翌日に提出する書類を作成します。最終日に、法務局で定款等の必要書類を提出、設立登記の申請を行い、その後の補正日に不備がないことが確認されれば、株式会社の誕生です。

次ページからのタイムテーブルを参考に、あなたの設立スケジュールを立ててください。

株式会社設立スケジュール①

事前準備	内容	場所	費用	該当ページ
	会社の概要を決定する ●定款記載事項を考える ●「株式会社概要書」の作成	自宅		29ページ

1日目	内容	場所	費用	該当ページ
9月29日 AM 8:30	**発起人と役員の印鑑登録証明書取得** ●発起人分として1通 ●代表取締役分として1通 1通150円	各市区役所 (桶川市役所)	300円	52ページ
AM10:30	**類似商号調査** ●「登記事項要約書交付・閲覧申請書」提出 ●その際、設立登記に必要な書類等ももらっておく ①「OCR申請用紙」 ②「印鑑届書」	法務局 (東京法務局新宿出張所)		52ページ
PM 1:30	**書類作成に着手** ●定款作成から着手 ●他の書類は2、3日目に作成時間を設ける	自宅		54ページ

株式会社設立スケジュール②

2日目	内容	場所	費用	該当ページ
9月30日				
AM 9:00	定款の作成・誤り等がないか最終確認	自宅		60ページ
AM10:00	現金の用意 ●資本金 1円 ●定款貼付印紙代 40,000円（印紙） ●公証人認証手数料 30,000円 ●謄本交付手数料 2,000円（多少相違あり） ●登録免許税 150,000円（印紙） 242,001円	銀行		60ページ
AM10:30	定款の認証を受ける ●定款3通 ●印紙40,000円貼付 ●発起人の印鑑証明書1通 ●公証人認証手数料支払 ●謄本交付手数料支払（多少相違あり） ●実印（訂正用に）	公証人役場（新宿公証役場）	40,000円 30,000円 2,000円ほど	62ページ
PM 1:00	資本金を払込む ●1円を個人の普通預金に払込む ●振込手数料 ATM（銀行によって多少相違あり） ●通帳のコピーをとる	銀行	1円 216円	63ページ
PM 1:30	書類作成 ●「払込証明書」の作成 ●「資本金の額が会社法及び会社計算規則に従って計上されたことを証する書面」の作成※ ●「株式会社設立登記申請書」の作成 ●「別添CD-R」の作成 ●「印鑑届書」の作成 ●「収入印紙貼付台紙」の作成	自宅		64ページ

※金銭出資のみの場合は不要

株式会社設立スケジュール③

3日目	内容	場所	費用	該当ページ
10月1日				
AM 9:00	**登記申請書類の提出準備** ●登記申請に必要な書類を綴る ①登記申請書等綴り ②別添CD-R ③印鑑届書	自宅		75ページ
PM 1:00	**登記申請書類の提出** ●上記①～③の書類 ●登録免許税貼付	法務局 （東京法務局 新宿出張所）	150,000円	75ページ

補正確認日	内容	場所	費用	該当ページ
AM10:30	**登記が完了** ●「登記事項証明書」の取得 8通　1通600円 ●「印鑑証明書」の取得 2通　1通450円	法務局 （東京法務局 新宿出張所）	4,800円 900円	78ページ
PM 1:00	**資本金を会社名義の口座に振り替える** 法人名義の口座作成に必要なもの ●会社の登記事項証明書 ●会社の銀行印 ●会社と代表者の印鑑証明書 ●会社の定款のコピー ●代表者身分証明書（運転免許証）等	銀行		81ページ

2 設立費用の目安を立てましょう

■費用は24万円前後です

会社を設立する人は、費用がいったいいくらかかるかが気になるところだと思います。

資本金は1円でもかまいませんが、他にも費用がかかります。株式会社リザルトのケースを見ながら、最初に目安を立てておきましょう。

- **資本金＝　　1円**
- **定款の印紙＝　　4万円**
- **公証人認証手数料＝3万円**（電子認証の場合は61ページ参照）
- **謄本交付手数料＝2000円前後**（1ページ250円。定款が5ページなら1250円）
- **登録免許税＝　　15万円**

その他に、交通費やコピー代、振込手数料、設立後の証明書取得のための費用（➡79ページ）等が必要になります。

3 事前に株式会社の概要を決めておきます

最初に、株式会社の概要を決めましょう

それではスタートです。まずは、手続前の準備を行います。定款に盛り込むべき事項を決定してください。

定款とは、株式会社の基本事項を記載したものです。盛り込むべき事項は、以下の通りです。

「商号」「本店所在地」「目的」「役員」「資本金・発行株式数・発行価額」「事業年度・株主総会」「課税標準額・登録免許税」「株式譲渡承認機関」「公告の方法」「払込取扱金融機関」「公証人役場」「株主（発起人）」「取締役の任期」。

次ページに掲載している「株式会社概要シート」の項目を埋めていくことで、定款に必要な要素がそろいます。31ページ以降の解説を参考にしながら記入していきましょう。

これから設立する株式会社は、今後あなたと長く付き合うパートナーとも言うべき存在です。ともに夢の実現をめざすパートナーの大切な名前や目的です。しっかり考えましょう。

「株式会社概要シート」記入例

商号	Ⓐ 株式会社　リザルト	本店	東京都新宿区西新宿二丁目33番44号 Ⓑ

目的 Ⓒ

・コンピュータ部品の販売
・酒類の販売
・不動産の売買、賃貸、管理及びその仲介
・喫茶店の経営
・日用品雑貨の販売

役員						
代表取締役	氏名	Ⓓ 坂本　久志	住所	埼玉県桶川市春日一丁目22番33号		
	生年月日	昭和○年7月1日	任期	10年		
取締役	氏名		氏名		氏名	
監査役	氏名		氏名		氏名	

資本金の金額	株式数	1株の発行価額	発行可能株式数
Ⓔ 1 円	Ⓕ 1 株	Ⓖ 1 円	10,000,000 株 Ⓗ
事業年度	**株主総会**	**課税標準額**	**登録免許税**
4月1日～翌年3月31日 Ⓘ	Ⓙ 5 月	Ⓚ 1 円	150,000 円 Ⓛ

株式譲渡承認機関	公告の方法
代表取締役 Ⓜ	電子公告 Ⓝ

払込取扱金融機関	Ⓞ 二井銀行　銀行　新宿西　支店　種類　普通　口座番号　8946289

公証人役場			
役場名称	Ⓟ 新宿公証役場　東京　法務局所属	公証人氏名	金山　金蔵
所在地	新宿区西新宿7-4-3　升本ビル	電話	03-3365-1786

法務局			
法務局名称	東　京　法務局	新　宿　出張所	
所在地	東京都新宿区北新宿1-8-22	電話	03-3363-7385

発起人（出資者）

発起人氏名	生年月日	役職	引受株数	金額
Ⓠ 坂本　久志	昭和○年7月1日		1株	1円
発起人氏名	生年月日	役職	引受株数	金額
発起人氏名	生年月日	役職	引受株数	金額
発起人氏名	生年月日	役職	引受株数	金額
発起人氏名	生年月日	役職	引受株数	金額
発起人氏名	生年月日	役職	引受株数	金額

備考

準備1 ⬇商号を決めます （⬇30ページA欄）

①「永く」使うことを前提に決めましょう

「商号」とは会社の名前のことです。会社の〝顔〟になるわけですから、慎重に決める必要があります。ポイントは次の通りです。

●「覚えてもらいやすい名前、信用してもらいやすい名前であること」

業種によっては、消費者にすぐに覚えてもらえる名前の方が有利になる場合があります。長すぎる名前ではなかなか覚えてもらえないかもしれません。

また、業種や地域名を名前に入れると、どのような会社でどの地域を基盤に事業展開をしているかがわかりやすく、安心感を与えられるでしょう。

ただし、後々、違う事業も展開したり、地域を拡大したりする場合には、その名前がネックになってしまうかもしれません。

●「『永く』使える名前であること」

流行の最先端を行くような名前等は、そのときは覚えてもらいやすくても、流行が廃れてしまったら、古くさい印象を持たれてしまいます。長く使っていけそうな名前にしましょう。

一度スタートした会社の商号変更の手続は、コストもかかりますし、取引先や顧客にも混乱を与えかねません。「永く」使うことを前提に慎重に決めましょう。

②類似商号を調べましょう

会社の名前をつけるにあたって、同じ市区町村内でも違う住所であれば、すでに存在する同じ商号を使っても規制されることはありません（⬇16ページ）

しかし、ソニー株式会社とかトヨタ自動車工業株式会社とか、すでにその名称が社会的に認知されているものはもちろん、同一の商号があれば「商標権」侵害や「不正競争防止法」に反する可能性があります。

やはり同じ名前の会社がすでにある場合は、その名前を使うのをさけなければなりません。この会社の名前と事業目的を調べることを「類似商号を調べる」と言います。

商号は、登記する住所を管轄する法務局出張所の「商号調査簿」で確認することができます。所轄については法務局のホームページ上（https://houmukyoku.moj.go.jp/homu/static/kankatsu.index.html）で確認することができます。今後法務局で行う手続は、すべてこの所轄の法務局で行います。実際に類似商号を調べるのは52ページから紹介する、1日目の作業になります。

③商号にもルールがあります

商号には、使用しなければならない文字や、逆に使用してはいけない文字等があります。

左ページの表を参考に商号を決めましょう。

商号のルール

1	次のローマ字等の使用は可能 (1) ローマ字 ABC……………………………XYZ abc……………………………xyz (2) アラビア数字 0123456789 (3) その他の符号 「&(アンパサンド)」「'(アポストロフィー)」 「,(コンマ)」「－(ハイフン)」「.(ピリオド)」「・(中点)」 ただし、商号の先頭または末尾に使用することはできない。 「.(ピリオド)」については商号の末尾であれば使用は可能。 (4) スペース ローマ字で複数の単語を表記する場合に限り、単語の間を空白(スペース)によって区切ることが可能。
2	株式会社の文字は必ず入れる リザルト株式会社 株式会社リザルト
3	会社の支店または一営業部門であることを示す文字は使用不可 株式会社リザルト新宿営業所 → × リザルト株式会社世田谷支店 → × リザルト株式会社経営企画部 → ×
4	有名企業の名称は使用不可 三井、三菱等 → ×

準備2 ➡本店所在地を決めます（➡30ページB欄）

会社の住所のことを**「本店所在地」**と言います。定款上、本店の決め方には2つの方法がありますが、①の住所のすべてを記載する方法にしてください。

①地番まで記載する方法「東京都新宿区西新宿二丁目33番44号」
②最小行政区画（市区町村）まで記載する方法「東京都新宿区」

一度本店所在地を決定してしまったあとで、本店を変更しようとすると、登記の手続や定款の変更が必要になります。登記には手数料がかかりますし、株主総会・取締役会の決議が必要です。②であれば、同一市町村内での本店移転なら定款の変更は必要なくなるのですが、登記申請時に別途「本店所在場所決議書」を作成し、具体的な地番まで決定する必要があります。ですから、書類を簡略化する意味からも住所地のすべてを記載する①の方法にしてください。

ちなみに住所の表記ですが「2—33—44」のような表記は認められません。例のように丁目、番地等を入れて書いてください。丁目の頭につく数字は算用数字ではなく、漢数字にした方がいいでしょう。また「33番地」なのか「33番」なのかもしっかり確認してください。

この原則は設立にかかわる提出書類すべてに当てはまりますので気をつけましょう。

「目的」記載例

❶ コンピュータ部品の卸
❷ インターネットホームページの企画、制作
❸ 日用品雑貨の販売
❹ レストランの経営
❺ コンビニエンスストアの経営
❻ 生命保険代理業
❼ 前各号に付帯する一切の業務 ⟵ 必ず記載しておく

注意点

❶ 具体的に記入すること
❷ 将来行う予定のある業種を入れておくこと
❸ 目的に相互の関連性はなくてもよい
❹ 法律違反となるような事業は認められない
❺ 目的を多く記入しすぎて不審に思われない程度に記入しておく

準備3 ⬇目的を決めます （⬇30ページC欄）

①定款に記載した目的以外の事業は行うことができません

「目的」とは、会社の事業内容のことです。「コンピュータ部品の卸」「インターネットホームページの企画、制作」等具体的な内容でなければいけません。

会社は定款に記載されている事業以外は行うことができません。ですから設立時に計画している事業だけではなく、今後展開していきたい事業があったらそれも記載しておきましょう。その目的について登記が可能かどうかは、登記申請をする法務局にあらかじめ相談しておくことをおすすめします。

②許認可が必要な業種もあります

業種の中には、許認可を受けなければならないものがあります。

所定の手続を行わずに事業を始めてしまうと「モグリ」の業者になってしまいます。許認可の取得には時間のかかるものもありますから、あらかじめ確認をしておきましょう。

許認可が必要な主な業種を次ページにまとめましたので、参考にしてみてください。

準備4 ⬇役員を決めます （⬇30ページD欄）

①取締役は1人でもOK、その人が代表取締役です

取締役は1人でもかまいません。

取締役が1人ということは、自動的にその人が代表取締役になります。

設立に当たっては、取締役の印鑑証明書が必要になります。

この「概要シート」の住所欄に記入するときに、何番地や何号なのか正確な表記を確認しておきましょう。

もし、印鑑証明書の住所が「桶川市春日一丁目22番33号」であるのに、定款に「22番地33号」と書いてしまうと、公証人役場で認められないことがあります。

細かいことですが注意が必要です。

許認可が必要な業種

区分	業種	許認可の窓口
飲食店関係	飲食店	保健所
	喫茶店	保健所
	深夜酒類提供飲食店	警察署
食料品販売	食料品販売業	保健所
	食肉販売業	保健所
	酒類販売業	税務署
	魚介類販売業	保健所
食料品製造	菓子製造業	保健所
	惣菜製造業	保健所
旅行関係	旅行代理店（国内旅行）	都道府県
	旅行代理店（海外旅行）	運輸局
	旅館業	都道府県
派遣・職業紹介	一般労働者派遣業	労働局
	有料職業紹介事業	労働局
古物等	リサイクルショップ	警察署
	金券ショップ	警察署
	中古自動車販売業	警察署
介護・薬局	在宅介護サービス	都道府県
	薬局	都道府県
理髪・クリーニング	理髪店・美容院	保健所
	クリーニング店	保健所
不動産	不動産業	都道府県または国土交通省

②役員を複数にして機関設計をする場合は

役員を複数置く場合には、**「機関設計」**をする必要があります。

「機関」とは、会社の意思決定等を行うセクションのことで、

- **株主総会**
- **取締役**
- **取締役会**
- **監査役**
- **監査役会**
- **会計参与**
- **会計監査人**

等を言います。

それぞれの役割を次ページの表にまとめました。

このうち、**「株主総会」**と**「取締役」**は設置が必須の機関ですが、その他の機関については会社の規模等に応じて、一定の制限のもとに任意に定めることができます。

この機関を決めることを機関設計と言います。

では、あなたの会社の機関設計はどのようにすればよいのでしょうか。

株式会社の機関

機関	業務内容	資格	人数	任期
株主総会	株式会社の意思を決定する最高機関 ①会社の組織・業態に関する事項の決定 ②取締役、監査役等の選任・解任、これらの報酬の決定 ③配当などに関する事項の決定	・株主		
取締役	経営上の意思決定を行う （取締役会が置かれる場合は、経営上の意思決定は、取締役会で行われる）	・株主であっても構わない ・成年被後見人、被保佐人、商法関係犯罪者等はなれない ・未成年者であっても可能（親権者または後見人の同意が必要）	・譲渡制限会社は1人以上 ・取締役会設置会社は3人以上	・2年（公開会社以外の会社は10年まで延長可）
取締役会	経営上の意思決定を行う	取締役による合議制のシステム	・取締役3人以上	—
監査役	取締役の職務執行状況について業務監査を、会社の業績について会計監査を行う	・株主から監査を任された人 ・取締役、子会社の取締役、支配人、従業員等はなれない ・成年被後見人、被保佐人、商法関係犯罪者等はなれない	・譲渡制限会社は設置しなくてもよい❶ ・その他の会社は1人以上	・4年（公開会社以外の会社は10年まで延長可）
会計参与	取締役と共同して計算書類の作成・説明・開示等を行う	・税理士・公認会計士等の会計専門家 ・取締役、子会社の取締役、監査役等は会計参与になることはできない	・譲渡制限会社は設置しなくてもよい	・2年（公開会社以外の会社は10年まで延長可）

❶ 取締役会を設置する場合には1人以上必要

＊監査役会及び会計監査人については省略

次ページの表が、機関設計のパターンです。

いろいろなパターンがありますが、本書では、自分が1円を出資して、自分が取締役になるというもっともシンプルな形で会社をつくることを想定しているので、パターン1を採用しましょう。

準備5 ⬇資本金・発行株式数・発行価額・発行可能株式数を決めます

①「資本金の額」は1円です （⬇30ページE欄）

「資本金」は1円以上です。

資本金は1円でも構いませんが、1円で経営を始められるわけではありません。会社を始める際には、さまざまな初期費用がかかります。備品の購入費や商品の仕入代金等です。最初の売上の回収があるまではすべて手元のお金でまかなわなければなりません。事業資金が不足してしまったら、借入金でまかなわなければなりません。

ですから、このようなことをさける意味でも、当初の資本金は**「開業資金＋6カ月の運転資金」**程度用意できれば理想的です。

②「株式数」も1株です （⬇30ページF欄）

株式会社の機関設計のパターン

株式譲渡制限会社の場合

●……設置

機関	パターン1	パターン2	パターン3	パターン4	パターン5	パターン6
株主総会	●	●	●	●	●	●
取締役	●	●	●	●	●	●
取締役会					●	●
監査役		●		●	●	
会計参与			●	●		●

パターン1

自分で出資、自分が取締役になるというパターン
(小会社向け)

パターン2

取締役以外に監査役を設置して監査をしてもらうパターン
(小・中会社向け)

パターン3

取締役以外に会計参与を設置して決算書等の信用性を高めるパターン
(中会社向け)

パターン4

取締役以外に監査役・会計参与を設置するパターン(中・やや大会社向け)

パターン5

取締役会と監査役を設けるパターン(中・やや大会社向け)

パターン6

取締役会と会計参与を設けるパターン(中・やや大会社向け)

結論

自分1人で出資して、自分が社長になり、自分の意見を最大限に活かした経営をしたいのであればパターン1がおすすめです。

③「1株の発行価額」は1円です（⬇30ページG欄）

「1株の金額」はいくらでも構いません。通常わかりやすい金額で発行されます。1万円、5万円といったところでしょう。例えば、資本金の額を50万円にするのであれば、1株1万円なら50株となり、1株5万円なら10株となります。

ここでは1円株式会社ですから、1株の金額は1円です。

④「発行可能株式数」は1000万株です（⬇30ページH欄）

「発行可能株式数」とは、会社が発行できる上限の株式数を言います。株式譲渡制限のない会社には、発行株式数の4倍以内という制限がありますが、株式譲渡制限会社ではこの制限がありません。本書のモデルは株式譲渡制限会社です（⬇45ページ）。

将来、増資することを考えて設立時発行株式数1株の1000万倍の1000万株と決めておきましょう。めざせ、資本金1000万円です。

準備6 ⬇事業年度・株主総会の開催日を決めます（⬇30ページI・J欄）

「事業年度」は「毎年○月○日から翌年○月○日までの年1期」とします。

事業年度とは、会社の会計上の区切りをつける期間のことです。

1年以内であれば好きなように決められますが、国の会計年度が4月1日から翌年3月31日までとなっていることもあり、多くの大企業は3月を事業年度の終了日としています。

会社は、**事業年度終了日の翌日から2カ月以内に税務の申告**をしなければなりません。例えば、会社設立が2月5日で、事業年度を「4月1日から翌年3月31日まで」とした場合には、設立後2カ月弱で決算になり、5月末までに税務の申告をしなければなりません。通常は最長の期間をとれるように2月設立であれば、事業年度終了日を1月末まで、6月設立であれば5月末まで、というように決めます。

ただし、業種によっては繁忙期を考慮してこれを決めた方がよい場合もあるでしょう。例えば、洋菓子店の場合には、12月のクリスマスシーズンが売上のピーク時期になるでしょう。ですから、10月を事業年度の終了日としてしまうと、12月の税務申告までに帳簿の締め等、決算手続ができない、ということにもなりかねません。繁忙期が、税務申告の時期と重ならないようにするのもポイントです。

また、**定時株主総会の開催は事業年度終了の日から3カ月以内**とされています。

しかし、**消費税等の申告と税金の納税は事業年度終了の日から2カ月以内、法人税等も延長の申請がない場合は2カ月以内に申告と納税**をしなければなりません。1円株式会社は手続簡略の観点から2カ月以内、この場合なら5月に開催としておくのがいいでしょう。

「事業年度」の決め方

一般的な決め方

設置日から最長の期間にする

↓ 設立日が11月6日なら → 事業年度終了日は翌年の11月5日

ただし、月の半ばの締めでは、帳簿づけや税務申告が複雑になる

↓

よって、最長でかつわかりやすい日、10月31日を事業年度終了日とする（もし、12月が繁忙期に当たるのであれば、9月30日や8月31日にする）

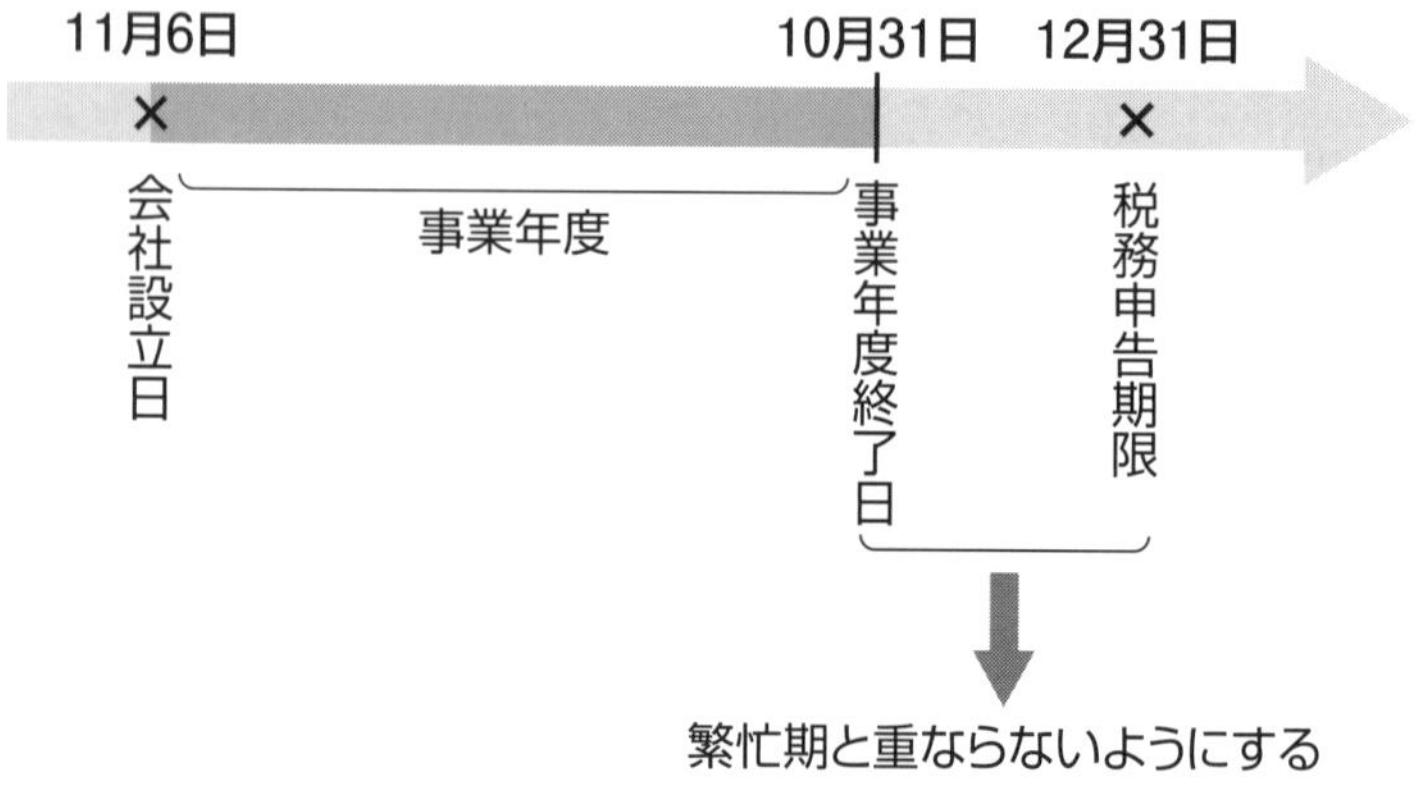

準備7 課税標準額・登録免許税を計算します（30ページK・L欄）

「登録免許税」とは、登記を申請する際に納める税金のことで、株式会社設立登記の場合、**課税標準額**は資本金の額となり、登録免許税はその1000分の7の金額とされています。

ただし、これによって計算した額が15万円に満たない場合は、15万円となります。

1円株式会社の資本金は1円ですので、1円が課税標準額です。登録免許税は1円×1000分の7ですが、この金額が15万円に満たないため、最低額の15万円となります。

準備8 株式譲渡承認機関を決めます（30ページM欄）

定款に株式譲渡制限規定（**「当会社の株式を譲渡するには、代表取締役の承認を受けなければならない」**と記載します）を設け、**「株式譲渡制限会社」**にしておきます。

株式譲渡制限会社とは、定款で自社の株式の売買を自由に行えないという制限を設けている会社のことで、これらの会社では株式の譲渡をするためには代表取締役等の承認が必要となります（承認機関としては代表取締役のほかに、株主総会や取締役会があります）。

意見の合わない人物に株式が譲渡されてしまうと株主総会での決議がうまくいかなくなりますし、最悪の場合は会社を乗っ取られるということも考えられます。

株式の譲渡に制限がある会社をつくりましょう。

準備9 ⬇公告の方法を決めます（⬇30ページN欄）

「電子公告によって行う。ただし、やむをえない事由により電子公告を行うことができないときは官報に掲載して行う」と定款に記載します。

株式会社には**「決算公告」**が義務づけられています。決算公告とは、貸借対照表の要旨を公開することを言い、株主総会開催後遅滞なく行うことが義務づけられています。この決算公告を行わないと１００万円以下の過料処分の対象となります。取引先からの自社に対する信頼性を高めるためにも、しっかりと決算公告を行っておきましょう。

19ページでも少し触れましたが、決算公告の方法は３つあります。

①「官報」で公告

官報は、国が発行する唯一の機関紙です。定款で公告の方法を定めなければ官報公告となります。掲載料は中小会社であれば2枠7万2978円～3枠10万9467円です。

②「日刊新聞紙」で公告

『日本経済新聞』等の全国紙や地方紙へ公告を出す方法です。金額は各新聞によって様々ですが『日本経済新聞』では57万円～76万円となっており、少なくない負担です。

③「ホームページ」で公開

ホームページに公開する方法です。自社のホームページで専用のページを設けても構いません。商工団体や税理士や司法書士の団体等で公告サービスを行っているところに依頼する方法もあります。掲載手数料は2～3万円と、他の2つの方法よりは安く設定されています。

定款には「電子公告によって行う。ただし、やむをえない事由により電子公告を行うことができないときは官報に掲載して行う」と記載します。決算公告を行うホームページアドレスは別途登記の時点で届けます。

3つの方法の中でもっともコストが安いので、小さい会社にはこの方法がおすすめです。

ただし、前記①②は貸借対照表の要旨でも構いませんが、ホームページでの公告は全文の掲載になります。定時株主総会終結の日から5年経過する日まで継続して掲載しなくてはなりません。

準備10 ➡払込取扱金融機関を決めます (➡30ページO欄)

資本金を払込む銀行は日頃、事業で使う銀行にします。ここではまだ株式会社がつくられていませんから、個人の普通預金口座を使います(会社の口座は設立後、開きます)。

なお、銀行の選定ですが、事業を続けていけば、いずれ銀行より借入をする可能性もあります。長期的にお付き合いをすることを前提に決めましょう。今すぐ資金が必要でなくても、借入を申し込んだときには過去の取引実績等を見ながら、銀行は融資の条件を考慮するからです。

準備11 公証人役場を決めます（30ページP欄）

定款の認証は**公証人役場（公証役場）**という場所で、**公証人**により行われます。会社の本店所在地を管轄する法務局、または地方法務局の所属の公証人から認証を受ける必要があります。

会社の本店を東京都に置く場合は、東京都内の公証人役場で認証を受けることになります。

公証人役場の所在地は、http://www.koshonin.gr.jp/sho.html で確認できます。

もし定款の認証を電子認証で行うのであれば（61ページ）、電子認証ができる公証人役場は限られています。事前に電子認証対応の公証人役場を探しておかなければなりません。

準備12 発起人（出資者）を決めます（30ページQ欄）

株式会社リザルトは**「発起人」**坂本久志さん1人で設立します。

「発起人」とは、会社の設立を企画して設立までの手続を行い、資本金を出資する人のことで、1人以上必要です。発起人が大勢だと会社の概要の決定について意見が対立したり、全員が集合するのが難しくなったりして書類への署名・押印に時間がかかります。

また、「発起人」は1株以上の株式を引き受ける必要があり、複数いれば、設立後も意見の対立が持ち越されることになります。ですから、1円株式会社の発起人は1人で**「発起設立」**という形式をとります。

「発起設立」とは、発起人が会社設立の際に発行する株式全部を引き受ける方法です。つまり設立当初は発起人だけで100％の株式を所有することになります。手続が簡単ですから中小会社の設立の場合には、ほとんどがこちらの方法により設立をします。

また、その他の設立の形態には**「募集設立」**があります。「募集設立」とは、発起人は会社設立の際に発行する株式の一部を引き受け、残りは他の人に引き受けてもらう方法です。出資を発起人以外の人に募集する手続があるため、「発起設立」よりも手続は煩雑で時間もかかってしまいます。

準備13 ⬇取締役の任期を決めます （⬇30ページD欄）

取締役は坂本久志さん1人だけですから「任期」は10年とします。

取締役の任期はこれまでは2年でしたが、公開会社でない株式会社は定款で定めることにより最長10年まで延長することが可能になりました（⬇21ページ）。

取締役は株主から経営についての委任を受けています。任期は、このまま継続して取締役をやってもらうのか、それとも他の人物になってもらうのかを見直すために設けられているものです。この任期を長期に設定できたことで重任等にかかるコストや時間を大幅に削減することが可能です。

ただし、取締役に外部の人を入れたとき等は注意が必要です。長い任期を設定しておいて、任期の途中で解任するような場合には、残りの任期の役員報酬の分の損害賠償請求をされる可能性もあります。そのときは任期の短縮等定款の見直しが必要でしょう。

定款関係で準備しておくべきことはこれで終わりです。他にもいくつか用意するものがあるので、紹介しましょう。

準備14 ⬇交通費や証明書の費用を用意します

株式会社設立は印紙や登録免許税の他に、印鑑証明書や手数料等さまざまな雑費がかかります。市区町村、法務局、銀行、公証人役場等の移動に交通機関を利用すれば交通費もかかります。雑費として2～3万円は用意してください。

準備15 ⬇代表者印を作成します

ここでは、手続をスムーズに行うために、個人の実印を会社の「代表者印」とすることにします。

会社設立後に改めて会社代表者印をつくり、印鑑の変更手続をします。

代表者印というのは会社の実印のことです。通常は、株式会社設立の登記申請時までに作成しておき、設立登記申請と同時に会社代表者印として印鑑届を行います。

しかし、設立を急ぐときは個人の実印を、会社代表者印とすることも可能です。

＊

さあ、これで事前の準備が完了しました。

いよいよ具体的な設立作業に着手します。

4

1日目 設立のための書類を入手し、定款を作成しましょう

午前8時30分 ↓市区町村庁舎へ行きます

「**印鑑証明書**」を2通受け取ります。発起人と代表取締役それぞれの印鑑証明書が必要だからです。印鑑証明書は住所地の市区役所で取得します。なお交付金は自治体により異なります。もし、印鑑登録をしていなければ印鑑登録から行わなければなりません。時間がかかるので印鑑登録は事前に済ませておきましょう。

●**印鑑証明書交付代金　３００円**（150円×2、埼玉県桶川市の場合）

午前10時30分 ↓法務局出張所へ行きます

①類似商号を調査します

法務局に行き類似商号を調べましょう。商号は、法務局の「**商号調査簿**」で確認します。商号調査簿閲覧のための申請書記入例は次ページの通りです。事前に登録が必要ですが、オンライン登記情報検索サービスで調査する方法もあります。

「登記事項要約書交付・閲覧申請書」記入例

会社法人用

登記事項要約書交付／閲覧　申請書

※ 太枠の中に書いてください。

東京（地方）法務局　新宿　~~支局~~・出張所　　令和 ○ 年 ○ 月 ○ 日　申請

窓口に来られた人（申請人）	住　所　❶ 埼玉県桶川市春日一丁目22番33号 フリガナ　サカモト　ヒサシ 氏　名　❷ 坂　本　久　志
商号・名称（会社等の名前）	❸ 株　式　会　社　リ　ザ　ル　ト
本店・主たる事務所（会社等の住所）	❹ 東京都新宿区
会社法人等番号	

※該当事項の□にレ印をつけてください。

要約書	□ 会社法人	※**商号・名称区**及び**会社・法人状態区**はどの請求にも表示されます。 ※請求できる区の数は上記のほか**3個**までです。 □ 株式・資本区 □ 目　的　区 □ 役　員　区 □ 支配人・代理人区 □ 支店・従たる事務所区 □ その他（　　　）
	□ 会社法人以外	□ 商号登記簿 □ その他（　　　）
閲覧	□ 登記簿　❺ ☑ その他（　商号調査簿　） □ 閉鎖登記簿（　年　月　日閉鎖） □ 申請書（　年　月　日受付第　号） 利害関係：	

収入印紙欄

収入印紙

収入印紙

（登記印紙も使用可能）

収入印紙は割印をしないでここに貼ってください。

交付通数	交付枚数	手数料	受付・交付年月日

❶ 住所を記入します
❷ 氏名を記入します
❸ 予定している商号
❹ 予定している本店所在地（市区町村まで）
❺ チェックをつけます（商号調査は無料です）

「株式会社リザルト商会」「リザルト興業株式会社」「リザルト商事株式会社」等の類似する名前で事業目的が同じ会社を探します。同様の会社名はさけます。

類似した商号の会社がなければこれで会社名は決定です。

②登記申請に必要な書類をもらっておきましょう

このとき、設立登記申請で必要となる書類をもらっておきます。必要書類は以下の通りです。記入ミスをしたときのために余分にもらっておきましょう。

●印鑑届書

午後1時30分 ➡定款作成に着手します

最初に定款をつくります。他の書類は2日目、3日目にかけて作成する時間を設けているのでまずは定款からです。準備しておいた「株式会社概要シート」に基づいて作成していきます。

作成し終えた定款は、事前に公証人役場でFAX等によるチェックを受けることも可能です。チェックを受けたい場合は、あらかじめ電話等で担当者の名前や都合のよい時間帯等の確認をしておきましょう。

では、定款の作成です。巻末に定款モデルを掲載しているので（➡297ページ）、これを参考に作成してみてください。最後にもう1度、定款に記載すべき事項を確認しましょう。

①定款に記載する内容が決まっているか最終確認しましょう

- **商号**（⬇31ページ）
- **本店所在地**（⬇33ページ）
- **目的**（⬇35ページ）
- **設立に際して出資される財産の価額またはその最低額**（⬇40ページ）
- **発起人の氏名または名称及び住所**（⬇48ページ）

以上は絶対的記載事項（必ず記載しなければならない事項）です。

- **株式の譲渡制限**（⬇45ページ）
- **現物出資**＝現物出資を行う場合に必要事項を記載します。行わない場合は記載の必要はありません（⬇18ページ）

以上は相対的記載事項（記載しないと法的な効力が発生しない事項）です。

● **株主総会の招集時期**（⬇42ページ）
● **役員の数**（⬇36ページ）
● **役員の氏名・住所**（⬇36ページ）
● **事業年度**（⬇42ページ）
● **公告の方法**（⬇46ページ）
● **取締役の任期**（⬇49ページ）

以上は任意的記載事項（定款に記載しなくても他で規定できる事項）です。

②定款の用紙サイズや記載方法を確認しましょう

● **用紙サイズ**＝Ａ４サイズが一般的です。
● **記載方法**＝パソコン（ワープロ）で作成してプリントします。手書きでも構いません。

③定款の作成部数を確認しましょう

定款は、公証人役場の保管用１通、設立登記申請用１通、会社保管用１通の**合計３通**作成する必要があります。

それぞれに発起人は直接押印する必要があります。

④定款の表紙をつくり、綴じて完成させましょう

定款には表紙をつけなければなりません。この表紙にも記載すべき事項があります。

表紙ができたら、定款を製本して、定款づくりは終了です。

定款を綴じるときは「袋とじ」にしましょう。ホチキスどめした後、背表紙に製本テープか細長く切った紙をはります。表表紙と裏表紙の製本テープとの境目にそれぞれ発起人全員の実印で割り印をします。ホチキスどめだけという方法もありますが、全ページの間に割り印を押さなければなりません。割り印の手間を考えると「袋とじ」の方がよいでしょう。

次ページを参考に、表紙をつくって定款を綴じましょう。

これで定款づくりは終了ですが、しっかりつくることができたか不安な人は、翌日の朝の最終確認後にこの製本作業を行っても構いません。また、公証人に内容の確認をしてもらう人も、確認作業終了後に製本をした方がいいでしょう。

ここまでで、1日目の作業は終了です。

定款の表紙

袋とじの場合の表紙

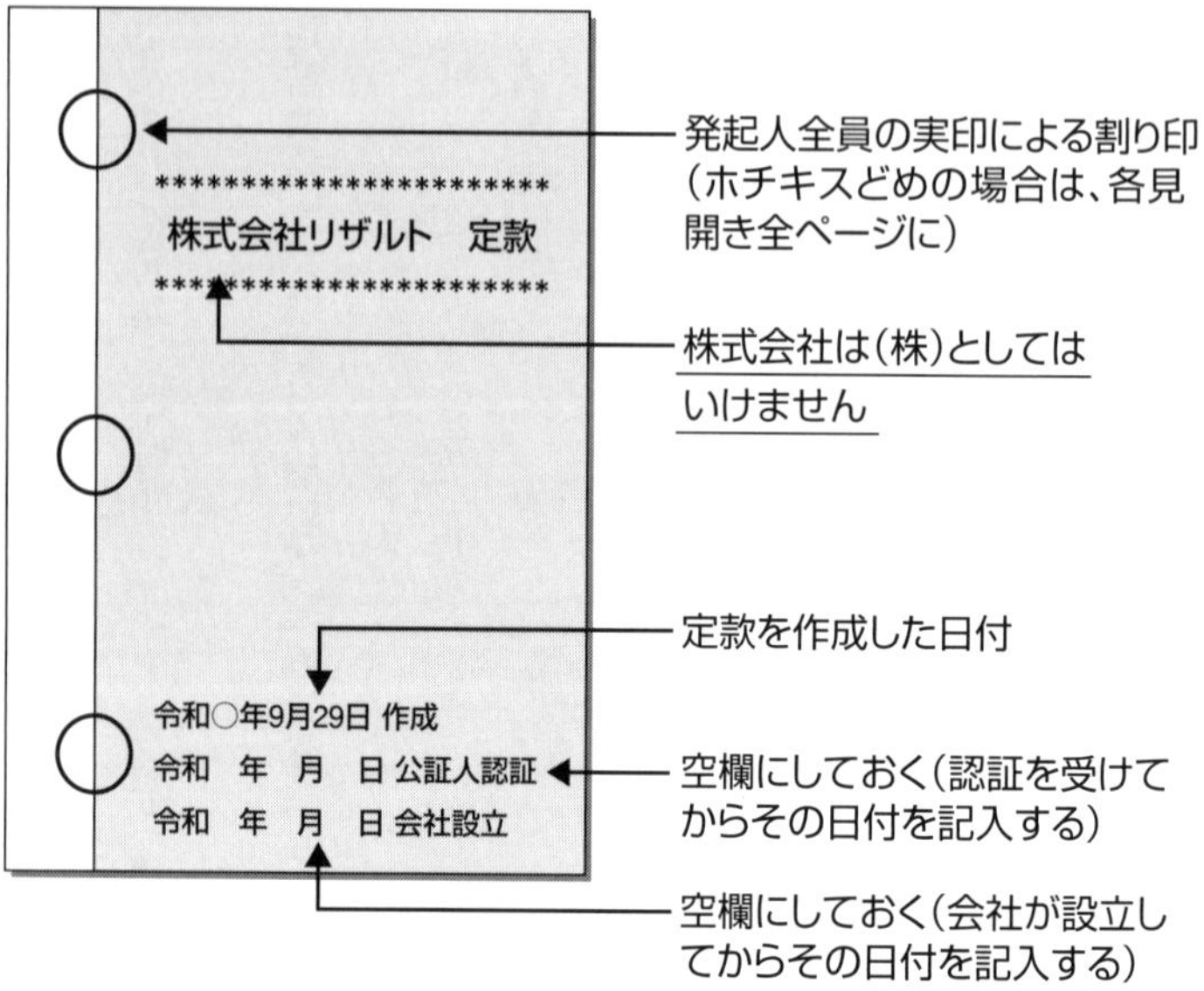

****
株式会社リザルト　定款
****
令和○年9月29日 作成
令和　年　月　日 公証人認証
令和　年　月　日 会社設立
発起人全員の実印による割り印（ホチキスどめの場合は、各見開き全ページに）
株式会社は（株）としてはいけません
定款を作成した日付
空欄にしておく（認証を受けてからその日付を記入する）
空欄にしておく（会社が設立してからその日付を記入する）

表表紙の裏側に収入印紙（40,000円）をはる

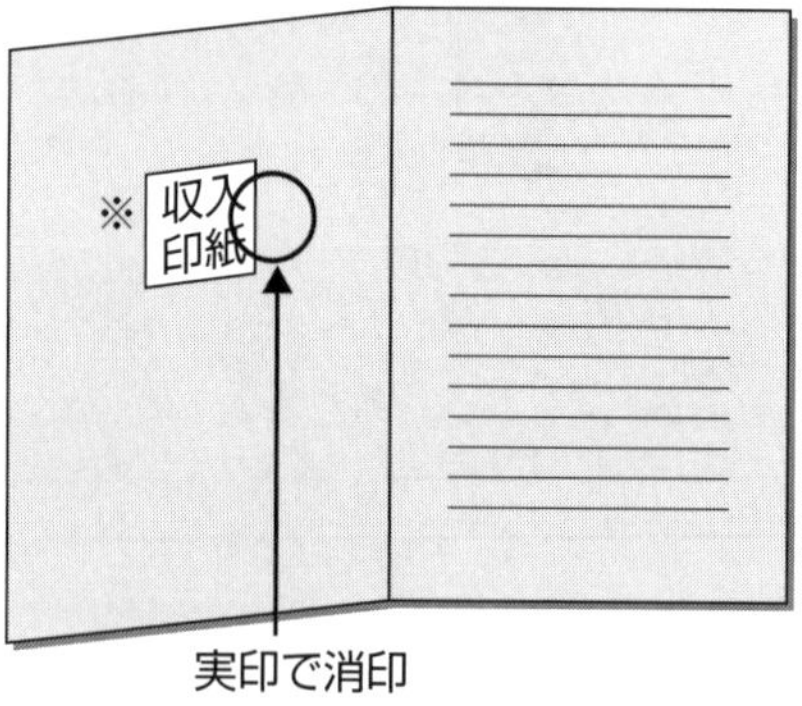

※
収入印紙
実印で消印

※定款は3部作成するが、収入印紙が必要なのは1通（公証人役場保管用）のみ。
定款の事前チェックを受ける段階では、はりつけ不要。

定款の綴じ方

①ホチキスどめ

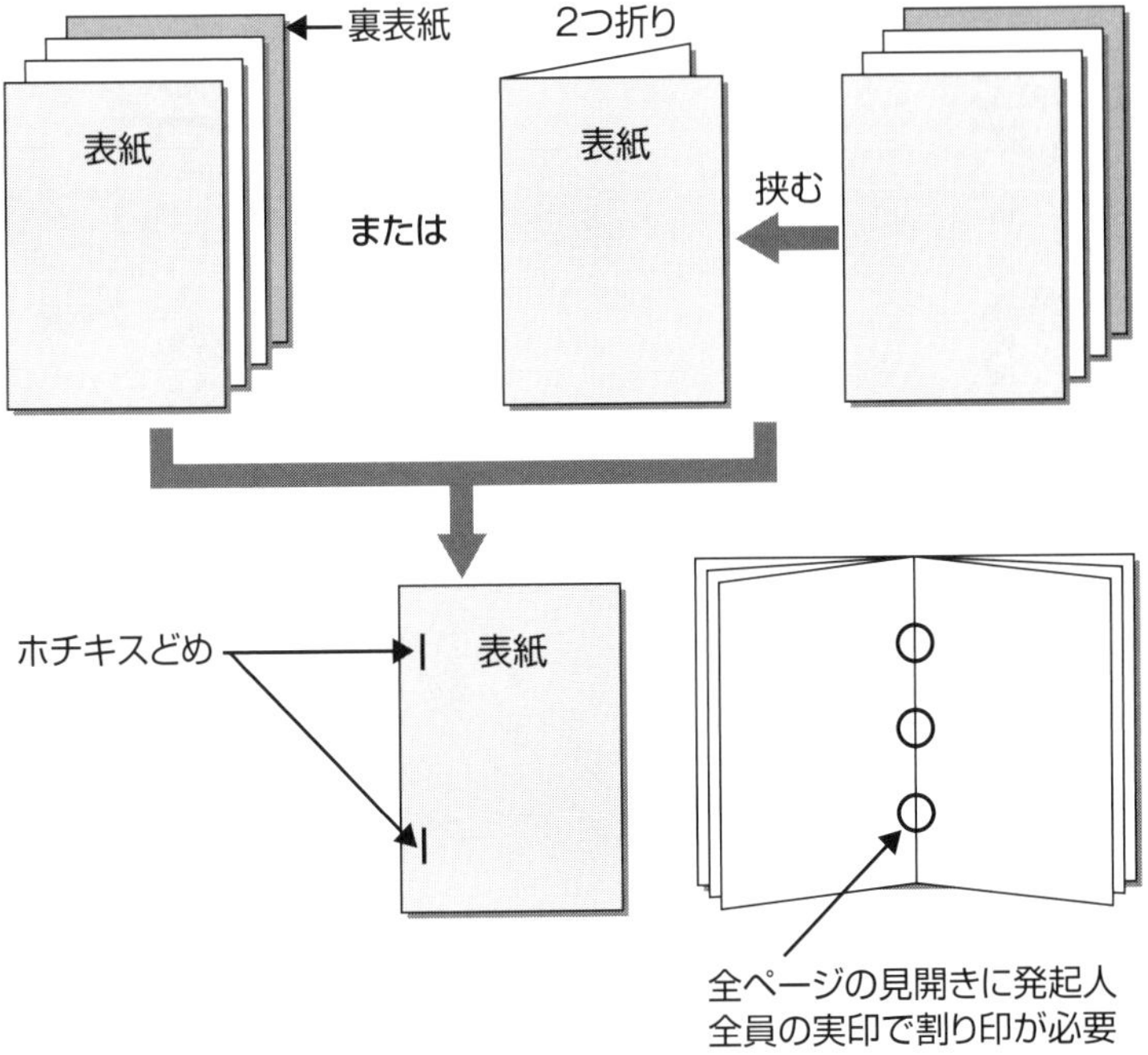

②袋とじ

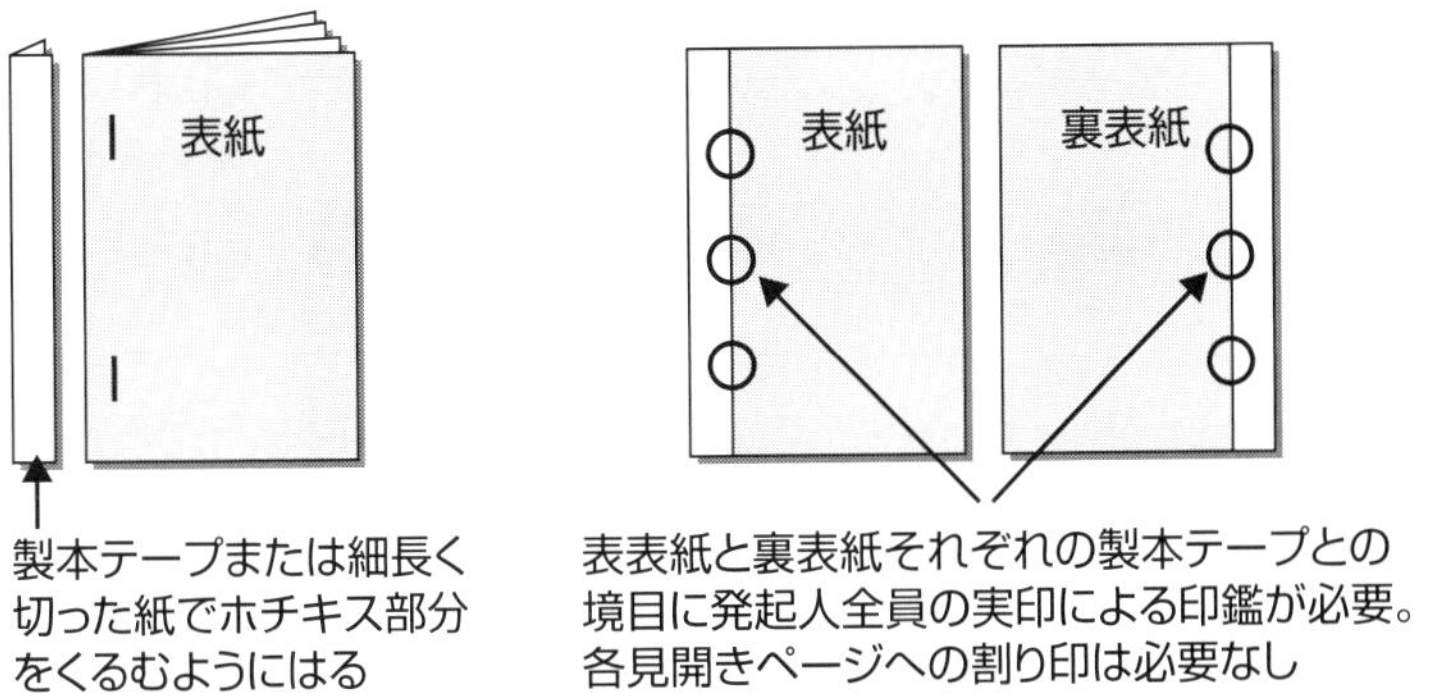

5 2日目 定款の認証を受け、設立のための書類をつくりましょう

午前9時 ↓作成した定款に誤り等がないか最後の確認をします

公証人役場に行く前に、「株式会社概要シート」や「定款モデル」等を見ながら、定款に誤りがないか最終確認をしてください。

また、印鑑についても、印影が不鮮明だと受けつけてもらえませんので、十分注意してください。

提出時に訂正を求められることがあるので、念のためボールペンと印鑑も持参します。

認証当日はワープロの打ち直しが困難ですから、その場でボールペンでの訂正になります。

訂正の方法については公証人の指示に従ってください。

午前10時 ↓銀行等へ行き、現金の用意をします

設立に使う現金を用意します。必要があれば銀行等へ行きましょう。

用意すべき現金は次の通りです。

●**資本金** **1円**
●**定款の印紙** **4万円**（＊1）
電子認証の場合 1万5000円～2万1000円
●**公証人認証手数料** **5万円**
●**謄本交付手数料** **2000円**（＊2）
●**登録免許税15万円**（＊3）
⬇**合計24万2001円**（21万2501円～22万3001円）

＊1　郵便局で印紙を購入しておきます。
定款の認証は、パソコン上で電子申請として行うこともでき、その場合、印紙税は不要です。かわりに電子認証が行える行政書士や司法書士に依頼することになります。1万5000円～2万1000円が、手数料の相場です。本書では1人で会社を設立することをめざすので、電子認証は使わない方法を採用します。
＊2　交付手数料は定款の枚数等で若干異なることがあります。
＊3　郵便局で印紙を購入しておきます。

午前10時30分 ⬇**製本した定款を公証人役場に持っていきます**

持参すべきお金と、書類等は以下の通りです。

- **収入印紙　　　　　4万円**（定款に貼付）
- **公証人認証手数料　5万円**（現金で持参）
- **謄本交付手数料　2000円**（現金で持参、概算）

⬇**合計9万2000円**

- **製本した定款　　3通**
- **発起人の印鑑証明書　1通**
- **発起人の印鑑**

3通の定款のうち、1通は法務局申請用、1通は公証人用、1通は会社保管用です。

収入印紙をはりつけるのは、公証人用の1通のみです。認証が終わったら、1通が公証人役場に保管され、2通が戻ってきます。このうち**「謄本」**と朱印を押されているものは会社の設立登記申請の際に法務局に提出するもので、もう1通が会社保管用となります。

午後1時 ➡銀行で資本金の払込をします

定款の認証は、事前に公証人の内容確認が終わっていれば1~2時間で終わります。

その後、銀行に行き、自分名義の普通預金通帳に資本金1円を入金します。事前にコインの振込ができるATMを探しておくとよいでしょう。

①銀行で資本金1円を払込みましょう

発起人個人の口座を使います。払込は、振込ではなく、預け入れでも構いません。

②通帳のコピーをとりましょう

振込が終わったら、次の3カ所のコピーをとります。

- **通帳の表紙**
- **通帳の表紙の裏側(銀行名、支店名、預金種類、預金番号、口座名義人)**
- **資本金の払込があるページ**

なお、資本金の払込があるページは、コピーをとったら1円の払込が記載された箇所にマーカー等で目印をつけておくとよいでしょう。

午後1時30分 ⬇引き続き書類を作成します

①「払込証明書」を作成しましょう（⬇65・66ページ）

払込証明書は、出資金についての払込を証明する書面です。記載例は次ページを参照してください。先ほどとった通帳コピーを、この「払込証明書」を表紙にしてホチキスどめします。各ページの間には割り印を押します。

②「資本金の額が会社法及び会社計算規則に従って計上されたことを証する書面」を作成しましょう（⬇67ページ）

この書面は、会社が払込を受けた出資金が、法律に従って資本金に計上されていることを証明するものです。設立登記申請をする際に必要になります。

ただし、金銭出資のみの場合は当面の間、添付不要とされています。

③「株式会社設立登記申請書」を作成しましょう（⬇68ページ）

作成に当たっての注意事項は以下の通りです。

「払込証明書」記載例

払 込 証 明 書

（久志坂本 印影）❷

当会社の設立時発行株式については、以下のとおり全額の払込みがあったことを証します。

払込みを受けた金額の総額	金 1 円
設立時発行株式数	1 株

令和○年9月30日

（本　　店）	東京都新宿区西新宿二丁目33番44号	
（商　　号）	株式会社リザルト	
（設立時代表取締役）	坂 本 久 志	（久志坂本 印影）印 ❶

❶ 会社の代表者印を押印する
❷ 念のため捨印を押印しておく
＊作成通数:2通（会社保管用1通、設立登記申請用1通）

「払込証明書」を製本する

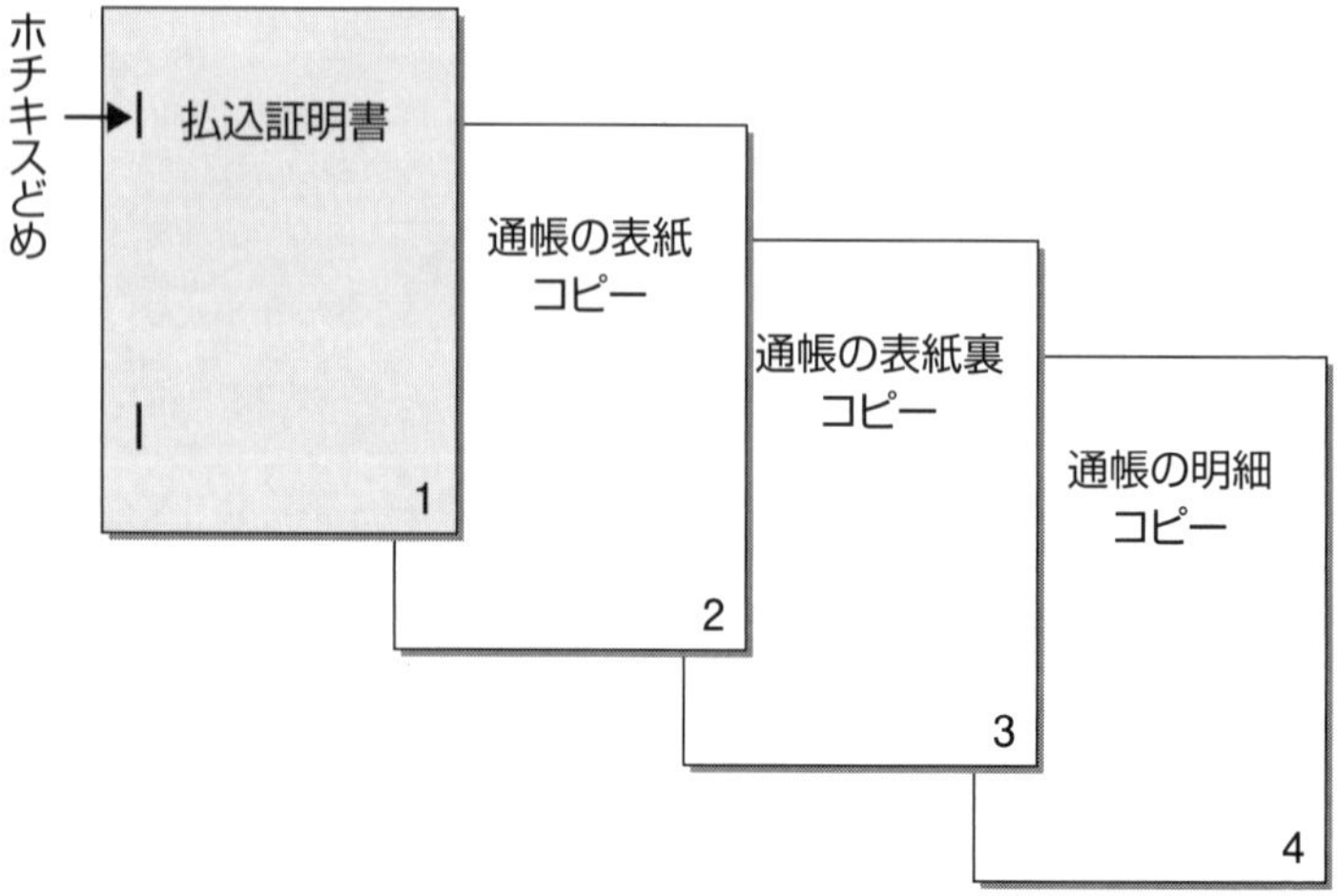

各見開きページに代表者印（実印）で割り印

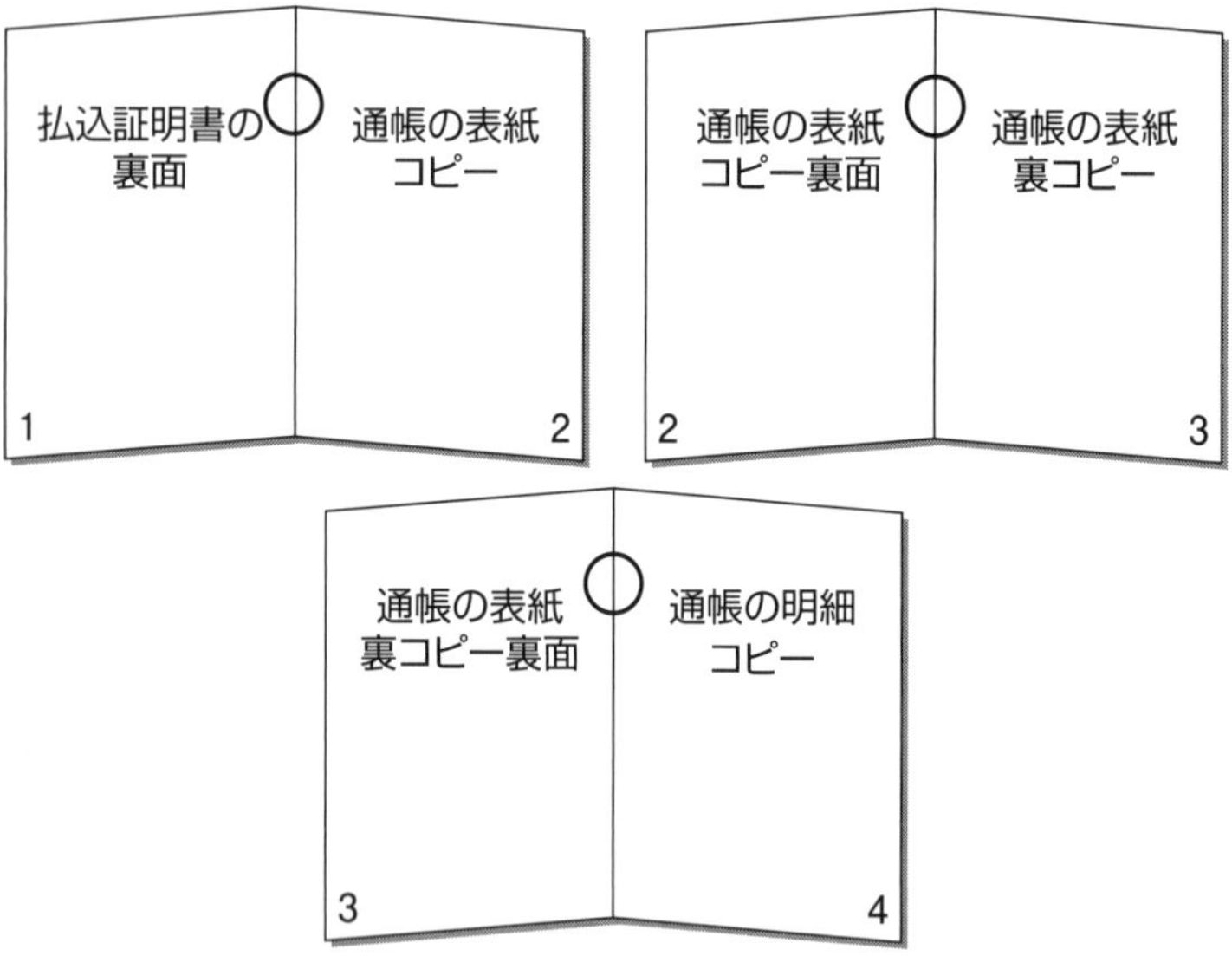

「資本金の額が会社法及び会社計算規則に従って計上されたことを証する書面」記載例

資本金の額が会社法及び会社計算規則に従って計上されたことを証する書面

1払込みを受けた金額　　金 1円 ❶

2資本金及び資本準備金の額として計上すべき額から減ずるべき額と定めた額　　金 0円

3資本金等限度額(1—2)　　金 1円

資本金1円は会社法第445条及び会社計算規則第74条の規則に従って計上されたことに相違ありません。

令和○年　9月　30日　❷

株式会社　　リ　ザ　ル　ト

設立時代表取締役　　坂　　本　　久　　志

❸

❶ 振込まれた出資金の額
❷ 出資金の最終振込日～登記申請日
❸ 会社の代表者印
＊作成通数:2通(会社保管用1通、設立登記申請用1通)

「株式会社設立登記申請書」記載例

株式会社設立登記申請書

（坂本久志の印影）❽

1. 商　　　　　号　株式会社　リ　ザ　ル　ト
1. 本　　　　　店　東京都新宿区西新宿二丁目33番44号
1. 登 記 の 事 由　令和○年9月30日発起設立の手続終了
1. 登記すべき事項　別添CD-Rのとおり
1. 課税標準金額　金1円　❶
1. 登 録 免 許 税　金15万円　❷
1. 添　付　書　類

定　　　款	1通
選任決議書	定款の記載を援用する
就任承諾書	定款の記載を援用する
印鑑証明書	1通
払込証明書	1通
資本金の額の計上に関する証明書	1通

❸

上記のとおり登記の申請をする

令和○年10月1日　❹

（本店）東京都新宿区西新宿二丁目33番44号

申　請　人（商号）株式会社　リ　ザ　ル　ト

（住所）埼玉県桶川市春日一丁目22番33号

代表取締役（氏名）坂　本　　久　志

❺

❻

東京　法務局　　新宿出張所 ❼ 御中

❶資本金の金額

❷「登録免許税納付台紙」にはる収入印紙の額（資本金2,143万円以下なら15万円）

❸代理人が申請する場合には「委任状1通」を加える

❹登記申請をする日（会社設立の日になる）

❺代表者印（会社の実印）

＊作成通数:2通（会社保管用1通、設立登記申請用1通）

❻代理人が申請する場合にはここに代理人の住所・氏名・認印
その場合、代表者印は不要

❼本店所在地を所轄する法務局

❽代表者印（会社の実印）の捨印

●用紙とサイズ＝コピー用紙等（感熱紙は認められません）、Ａ４
●横書き、アラビア数字で記入、文字の色は黒（鉛筆は認められません）
●法務局のホームページ上でも申請書の様式をダウンロードできます（ＴＯＰ→業務の案内→商業・法人登記申請）http://houmukyoku.moj.go.jp/homu/static/

④「別添ＣＤ-Ｒ」を作成しましょう

「株式会社設立登記申請書」（➡68ページ）では、「登記すべき事項」が「別添ＣＤ-Ｒのとおり」となっています。

「登記すべき事項」の入力例は、法務省のホームページ（http://www.moj.go.jp/MINJI/MINJI50/minji50-01.html）に掲載されています。

⑤「印鑑届書」を作成しましょう（➡71ページ）

登記申請の際に、代表者印（ここでは個人の実印を使用するものとします）を会社の実印として登録します。

登録に当たって必要となるのが**「印鑑届書」**です。

印鑑登録完了後は、印鑑証明書の発行を受けることができるようになります。

⑥「収入印紙貼付台紙」を作成しましょう（⬇72ページ）

会社設立登記には登録免許税が必要です（本書の例では15万円）。

登録免許税は収入印紙を**「収入印紙貼付台紙」**にはりつけて納税します。

収入印紙は郵便局・法務局で販売しています。

法務局では収入印紙のほか登記印紙という印紙も販売していますが、ここで使うのは収入印紙の方なので注意してください。

また、この収入印紙には絶対に割り印はしないでください。

「印鑑届書」記入例

印鑑（改印）届書

※ 太枠の中に書いてください。

東京（地方）法務局 新宿 ~~支局~~・出張所　　　令和 ○年 ○月 ○日 申請

（注1）（届出印は鮮明に押印してください。） 坂本久志	商号・名称	株式会社 リザルト
	本店・主たる事務所	東京都新宿区西新宿二丁目33番44号
印鑑提出者	資格	代表取締役・（取締役）・代表理事 理事・（　　　　）
	氏名	坂本 久志
	生年月日	大・（昭）・平・西暦 ○年 7月 1日生
	会社法人等番号	

（注2）
□ 印鑑カードは引き継がない。
□ 印鑑カードを引き継ぐ。
印鑑カード番号
前任者

届出人（注3）　☑ 印鑑提出者本人　□ 代理人

住所	埼玉県桶川市春日一丁目22番33号	（注3）の印 坂本久志
フリガナ	サカモト ヒサシ	
氏名	坂本 久志	

委　任　状

私は，（住所）

（氏名）

を代理人と定め，印鑑（改印）の届出の権限を委任します。

令和　　年　　月　　日

住所

氏名　　　　　　　　　　印　（注3）の印〔市区町村に登録した印鑑〕

☑ 市区町村長作成の印鑑証明書は，登記申請書に添付のものを援用する。（注4）

（注1）　印鑑の大きさは，辺の長さが1cmを超え，3cm以内の正方形の中に収まるものでなければなりません。

（注2）　印鑑カードを前任者から引き継ぐことができます。該当する□にレ印をつけ，カードを引き継いだ場合には，その印鑑カードの番号・前任者の氏名を記載してください。

（注3）　本人が届け出るときは，本人の住所・氏名を記載し，**市区町村に登録済みの印鑑**を押印してください。代理人が届け出るときは，代理人の住所・氏名を記載，押印（認印で可）し，委任状に所要事項を記載し，本人が**市区町村に登録済みの印鑑**を押印してください。

（注4）　この届書には作成後3か月以内の**本人の印鑑証明書**を添付してください。登記申請書に添付した印鑑証明書を援用する場合は，□にレ印をつけてください。

印鑑処理年月日				
印鑑処理番号	受付	調査	入力	校合

「収入印紙貼付台紙」を作成

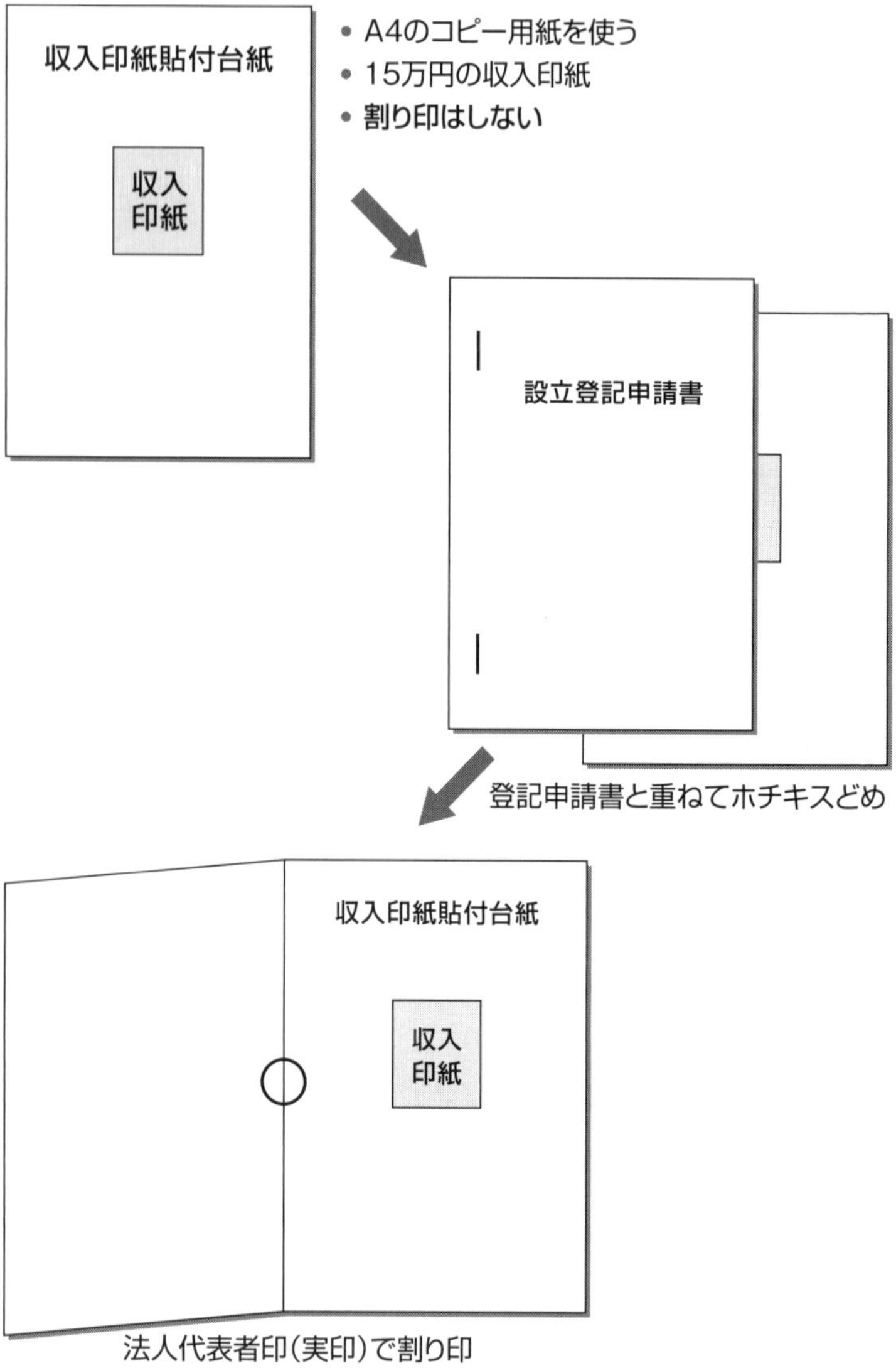

6 3日目 登記申請を行い、株式会社を発足させましょう

■登記申請の方法と流れを確認しましょう

①登記申請の方法

株式会社設立登記申請書にこれまで作成した書類またはフロッピーディスク等を添付して申請をします。

登記申請は**設立時代表取締役本人が行う**ことになります。委任状があれば代理人が申請することもできますが、本人申請をするようにします。

②登記申請する法務局

本店所在地を所轄する法務局で行います（⬇32ページ）

③登記申請にも期限があります

登記申請から登記の完了までの流れ

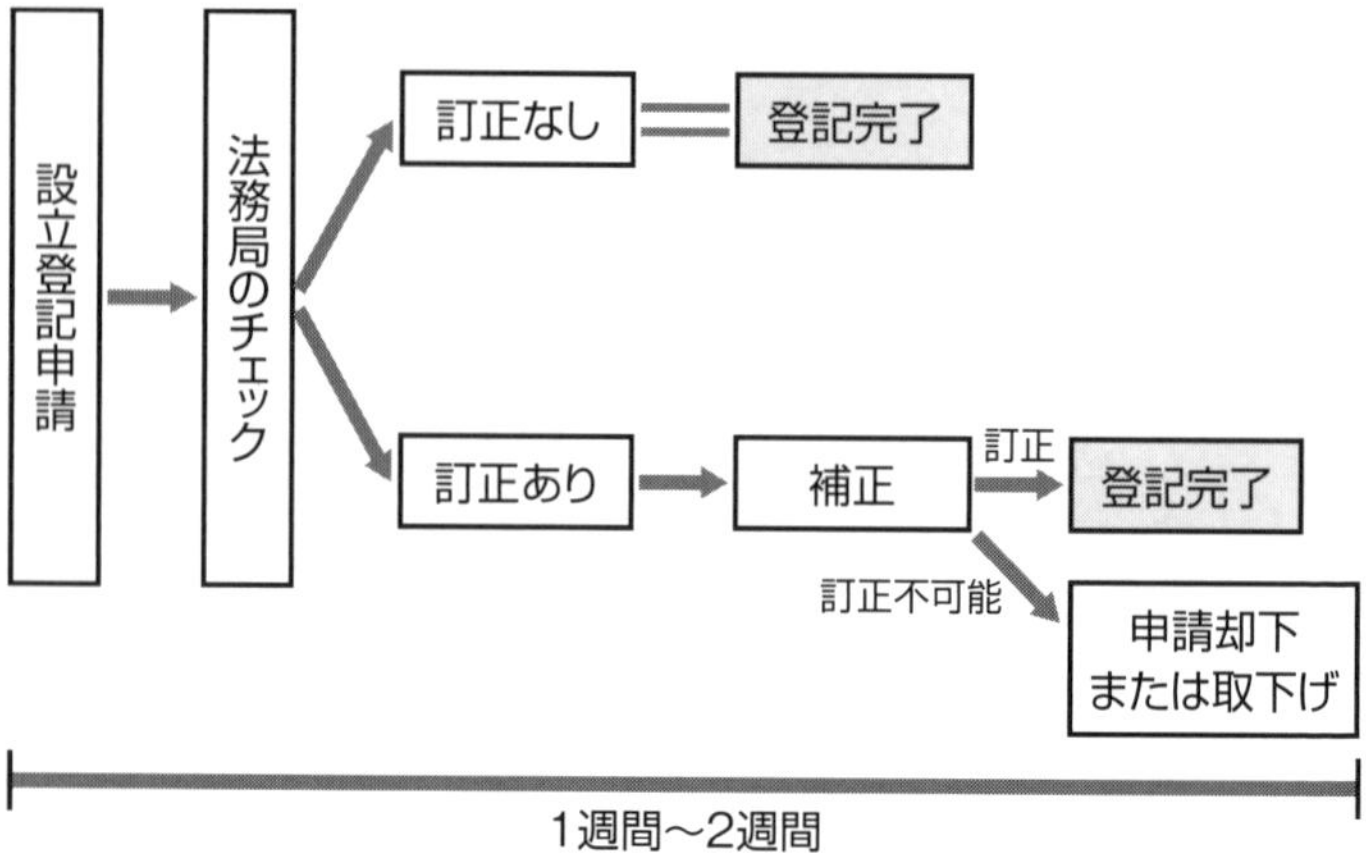

取締役・監査役による調査が終了した日の翌日、または発起人が定めた日から2週間以内が期限となっています。期限を過ぎても設立登記申請は可能ですが、100万円以下の過料が科せられることがあるので、注意しましょう。

④登記申請から登記の完了まで

訂正等がなければ早くて3日、通常1週間から10日はかかります。登記申請の際、窓口に「補正日」（完了予定日）が掲示されています。補正日には電話で補正の有無を確認できますが、補正がある場合は、法務局に出向き、申請書類の訂正や不足書類の提出が求められる場合があります。

午前9時 ⬇登記申請書類の準備をします

登記申請書類は次の順序でセットします。

①株式会社設立登記申請書
②収入印紙貼付台紙
③定款（認証を受けた謄本）
④資本金の「払込証明書」
⑤代表取締役個人の印鑑証明書
⑥「資本金の額が会社法及び会社計算規則に従って計上されたことを証する書面」
⑦別添CD-R
⑧会社の印鑑届書

午後1時 ⬇法務局で登記申請書類を提出します

設立登記申請書類を製本して、法務局に持っていきます。

申請した今日が「会社設立の日」です。

法的には本日より株式会社が誕生したことになります。営業もできますし、取引もできます。

しかし、登記が完了したことを確認するには通常、申請から1週間から10日ほど時間がかかります。この確認日が「補正日」です。

書類に間違いがなく添付された書類にも不備がなければ、登記の申請日に株式会社ができたことになります。

しかし、間違い等（補正と言います）がある場合には、その補正を終了するまでは正式な会社の発足とは言えません。

登記申請書の上部余白に連絡先電話番号を記入しておくと、何か問題があったとき法務局が連絡をしてくれます。

補正が出た場合は、法務局へ行き登記官の指示に従って補正をしてください。補正がその場で完了すればその日で登記完了です。

補正が修正不能の場合には却下または取下げもありますので、書類は念には念を入れて点検してください。

登記申請の際に準備する書類

❶登記申請書等綴り

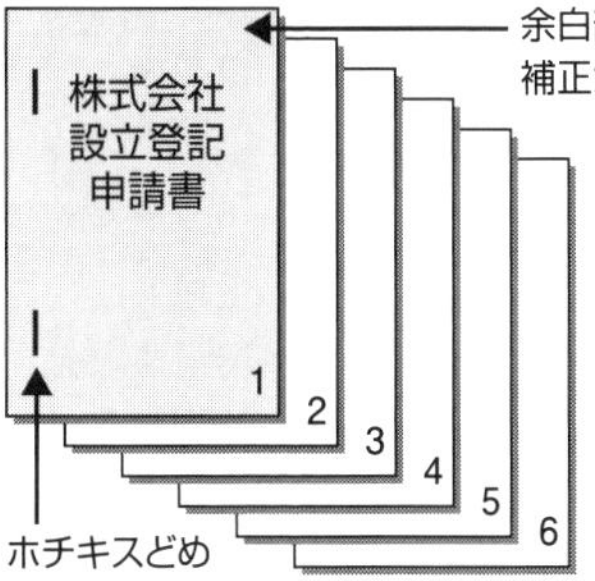

余白部分に手書きで電話番号などを記入しておくと、補正があったときに連絡をしてもらえる。

1	株式会社設立登記申請書
2	収入印紙貼付台紙
3	定款(「謄本」の朱印あるもの)
4	払込証明書
5	代表取締役の印鑑証明書
6	資本金の額が会社法及び会社計算規則に従って計上されたことを証する書面

❷別添

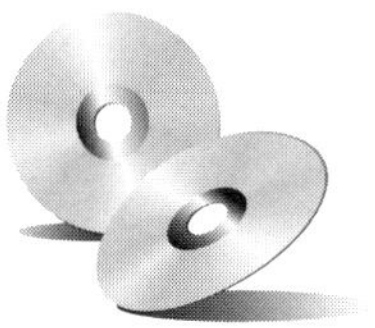

CD-R

❸印鑑届書

❶、❷、❸、の順番に重ねてクリップ等でとめて提出

7

補正確認日 登記が完了したら各種届出書類を取得しましょう

午前10時 ➡ 登記が完了です

補正確認日になったら、法務局に電話で確認してください。

補正がなければ、登記完了です。

午前10時30分 ➡ 法務局で「登記事項証明書」「印鑑証明書」を入手します

登記が完了したら、各種届出のための必要書類を入手しましょう。

「登記事項証明書」（過去に「登記簿謄本」と言われていた関係上、現在もその呼称を使う人が多くいます）と**「印鑑証明書」**が必要になります。これらは法務局で、登記完了と同時に取得することができます。

必要な枚数を確認し一度に取得しておきましょう。

提出先、届出書の種類、添付書類は次ページの通りです。

「登記事項証明書」「印鑑証明書」の提出先

提出先	届出書	添付書類	通
税務署	法人設立届出書 ❶	登記事項証明書	1
都道府県税事務所		登記事項証明書	1
市区町村役場		登記事項証明書	1
年金事務所	新規適用届 ❷	登記事項証明書	1
労働基準監督署	保険関係成立届　等❸	登記事項証明書	1
公共職業安定所	適用事業所設置届　等❹	登記事項証明書	1
銀行	会社口座開設申込　等❺	登記事項証明書 印鑑証明書	1 1

・この他にも保存用として各１通を取得しておきましょう
・登記事項証明書＝1通600円
・印鑑証明書＝1通450円
❶→91ページ、110ページ
❷→114ページ
❸→121ページ
❹→123ページ
❺→81ページ

①「登記事項証明書」の取得申請をしましょう（⬇82ページ）

申請用紙に必要事項を記載して法務局に提出し、交付を待ちます。申請用紙は、法務局のホームページ（https://houmukyoku.moj.go.jp/homu/COMMERCE_11-2.html）でＥｘｃｅｌまたはＰＤＦ形式でダウンロードしたものを使うことができます。

●登記事項証明書の交付手数料　書面請求＝１通６００円／オンライン請求・送付＝１通５００円／オンライン請求・窓口交付＝１通４８０円

②「印鑑カード」の取得申請をしましょう（⬇83ページ）

株式会社の「印鑑カード」を発行してもらいます。印鑑証明書の取得にはこのカードがあると便利です。会社代表者本人でなくても印鑑証明書の交付を受けられます。申請用紙は、法務局のホームページでＥｘｃｅｌまたはＰＤＦ形式でダウンロードしたものを使うことができます。

③「印鑑証明書」の取得申請をしましょう（⬇84ページ）

「印鑑証明書」の取得は、印鑑証明書交付申請書と印鑑カードを提出して行います。

この交付申請も、法務局のホームページでダウンロードしたものを使うことができます。

●印鑑証明書の交付手数料　書面請求＝１件（１通）４５０円／オンライン請求・送付＝１件（１

通）410円／オンライン請求・窓口交付＝1件（1通）390円

午後1時 ⬇銀行で資本金を会社名義の口座に振り替えます

株式会社名義の口座をつくり、個人の口座に保管されている出資金を振り替えましょう。

銀行によって必要書類が異なりますが、一般的には、

- ●**会社の登記事項証明書**＝1通
- ●**会社の印鑑証明書**＝1通
- ●**会社の定款のコピー**＝1通
- ●**代表者の印鑑証明書**＝1通
- ●**本人確認のできる身分証明書（運転免許証）等**＝提示だけ
- ●**銀行印**＝取引印となります

これらの書類等が必要です。事前に銀行に確認をしておきましょう。

＊

これで設立手続は終了です。お疲れ様でした。

「登記事項証明書等交付申請書」記入例

会社法人用

登記事項証明書
登記簿謄抄本 交付申請書
概要記録事項証明書

※ 太枠の中に書いてください。

東京（地方）法務局 新宿 ~~支局~~・出張所　　令和 ○ 年 ○ 月 ○ 日 申請

窓口に来られた人（申請人）	住所	埼玉県桶川市春日一丁目22番33号
	フリガナ	サカモト　ヒサシ
	氏名	坂本久志
商号・名称（会社等の名前）		株式会社リザルト
本店・主たる事務所（会社等の住所）		東京都新宿区西新宿二丁目33番44号
会社法人等番号		

収入印紙欄

❶ 収入印紙 500円

収入印紙 100円

収入印紙は割印をしないでここに貼ってください。（登記印紙も使用可能）

※ 必要なものの□にレ印をつけてください。

請求事項	請求通数
①全部事項証明書（謄本） ❷ ☑ 履歴事項証明書（閉鎖されていない登記事項の証明） ※現在効力がある登記事項に加えて，当該証明書の交付の請求があった日の3年前の日の属する年の1月1日から請求があった日までの間に抹消された事項等を記載したものです。 □ 現在事項証明書（現在効力がある登記事項の証明） □ 閉鎖事項証明書（閉鎖された登記事項の証明） ※当該証明書の交付の請求があった日の3年前の属する年の1月1日よりも前に抹消された事項等を記載したものです。	❸ 2 通
②一部事項証明書（抄本） □ 履歴事項証明書 □ 現在事項証明書 □ 閉鎖事項証明書 ※商号・名称区及び会社・法人状態区は，どの請求にも表示されます。 ※ 必要な区を選んでください。 □ 株式・資本区 □ 目的区 □ 役員区 □ 支配人・代理人区 ※2名以上の支配人・参事等がいる場合で，その一部の者のみを請求するときは，その支配人・参事等の氏名を記載してください。 （氏名　） （氏名　） □ その他（　）	通
③□代表者事項証明書（代表権のある者の証明） ※2名以上の代表者がいる場合で，その一部の者の証明のみを請求するときは，その代表者の氏名を記載してください。（氏名　）	通
④コンピュータ化以前の閉鎖登記簿の謄抄本 □ コンピュータ化に伴う閉鎖登記簿謄本 □ 閉鎖謄本（　年　月　日閉鎖） □ 閉鎖役員欄（　年　月　日閉鎖） □ その他（　）	通
⑤概要記録事項証明書 □ 現在事項証明書（動産譲渡登記事項概要ファイル） □ 現在事項証明書（債権譲渡登記事項概要ファイル） □ 閉鎖事項証明書（動産譲渡登記事項概要ファイル） □ 閉鎖事項証明書（債権譲渡登記事項概要ファイル） ※請求された登記記録がない場合には，記録されている事項がない旨の証明書が発行されます。	通

交付通数	交付枚数	手数料	受付・交付年月日

❶ 1通600円かかる。
請求通数分をはりつける。
収入印紙、登記印紙が使用可能（法務局で販売している）。

❷ チェックを入れる
❸ 請求通数を記入する

「印鑑カード交付申請書」記入例

印鑑カード交付申請書

※ 太枠の中に書いてください。

東京(地方) 法務局　新宿　~~支局~~・出張所　　令和 ○ 年 ○ 月 ○ 日　申請

照合印	

(注1) 登記所に提出した印鑑の押印欄		商号・名称	株 式 会 社 リ ザ ル ト
❶ 坂本久志 (印影)		本店・主たる事務所	東京都新宿区西新宿二丁目33番44号
	印鑑提出者	資格	代表取締役・❷(取締役)・代表理事・理事・（　　　）
		氏名	坂　本　久　志
(印鑑は鮮明に押印してください。)		生年月日	大・(昭)・平・西暦　○ 年 7 月 1 日生
		会社法人等番号	

申　請　人（注2）☑ 印鑑提出者本人　☐ 代理人

住　所	埼玉県桶川市春日一丁目22番33号	連絡先	1 勤務先 (2)自宅
フリガナ	サカモト　ヒサシ		電話番号
氏　名	坂　本　久　志		042-111-1111

委　任　状

私は，(住所)

(氏名)

を代理人と定め，印鑑カードの交付申請及び受領の権限を委任します。

令和　　年　　月　　日

住　所

氏　名　　　　　　　　　　印　〔登記所に提出した印鑑〕

(注1)　押印欄には，登記所に提出した印鑑を押印してください。
(注2)　該当する□にレ印をつけてください。代理人の場合は，代理人の住所・氏名を記載してください。その場合は，委任状に所要事項を記載し，登記所に提出した印鑑を押印してください。

交付年月日	印鑑カード番号	担当者印	受領印又は署名

❶届けてある実印　　❷人取締役なら「取締役」に○をする

「印鑑証明書交付申請書」記入例

会社法人用

印鑑証明書交付申請書

※ 太枠の中に書いてください。

東京（地方）法務局　新宿 ~~支局~~・出張所　　令和 ○ 年 ○ 月 ○ 日　申請

商号・名称（会社等の名前）		株 式 会 社 リ ザ ル ト
本店・主たる事務（会社等の住所）		東京都新宿区西新宿二丁目33番44号
支配人・参事等を置いた営業所又は事務所		
印鑑提出	資格	代表取締役・❶（取締役）・代表社員・代表理事・理事・支配人（　　）
	氏名	坂 本 久 志
	生年月日	大・昭・（平）・西暦　○ 年　7 月　1 日生
印鑑カード番号		❷ 1234-567
請求通数		❸ 1 通

窓口に来られた人（申請人） ※いずれかの□にレ印をつけ，代理人の場合は住所・氏名を記載してください。

- ☑ 印鑑提出者本人
- □ 代理人

住　所

氏《フリガナ》　名

※代理人の場合でも委任状は必要ありません。

※必ず印鑑カードを添えて申請してください。

収入印紙欄

❹

収入印紙 400円

収入印紙 50円

収入印紙は割印をしないでここに貼ってください。

（登記印紙も使用可能）

交付通数	整理番号	手数料	受付・交付年月日

❶ 1人取締役なら「取締役」に○をつける

❷ 取得した印鑑カードの番号

❸ 取得する通数

❹ 請求する通数に応じた収入印紙。1通450円（法務局で販売）。

■登記をオンラインで申請してみましょう

ここまで登記申請の流れを説明してきましたが、これらは従来的な紙媒体を用いて申請する方法です。これ以外にもオンライン上で登記申請を行う方法があります。前提条件としてマイナンバーカードとＩＣカードリーダーが必要ですが一部の添付書類が省略できるなどの利点があります。

下記ＵＲＬ（https://houmukyoku.moj.go.jp/homu/shogyo_online01.html）で詳細を参照できますが、これまで説明したことを、必要書類を一部省略した上で、パソコン上で行うイメージです。インターネットバンキングを使えば登録免許税の納付もパソコン上の操作で完了するので出かける手間も省けます。ぜひ利用してみてください。

第3章

設立後に必要な届出・手続を行いましょう

株式会社設立後に、提出しなければならない届出や、行わなければならない手続があります。最初はよくわからなくても、提出することで税務上の特典を受けられるものもあるので、まずはここで紹介するものを提出しておきましょう。詳しくは後の章で追って説明していきます。次ページのチェックリストを参考にしながら、漏れのないよう行ってください。

届出先	届出書類	提出期限・留意点	該当ページ
市町村役場	□ 法人設立届出書	設立の日から1カ月以内	109ページ
年金事務所	□ 健康保険　厚生年金保険新規適用届 □ 健康保険　厚生年金保険被保険者資格取得届 □ 健康保険被扶養者（異動）届 □ 保険料口座振替申出書 □ 第3号被保険者にかかる届出	適用事業所となった日から5日以内 採用日から5日以内 採用日から5日以内 随時 第3号被保険者となるべき事実があった日から14日以内	111ページ
労働基準監督署	□ 労働保険　保険関係成立届 □ 労働保険概算保険料申告書 □ 適用事業報告 □ 就業規則届 □ 時間外労働・休日労働に関する協定届	労働保険関係が成立した日の翌日から10日以内 労働保険関係成立の日から50日以内 すみやかに すみやかに（従業員が10人以上の場合） すみやかに（時間外、休日労働をさせる場合）	118ページ
公共職業安定所	□ 雇用保険適用事業所設置届 □ 雇用保険被保険者資格取得届	●適用事業所となった日の翌日から10日以内 ●従業員を雇用した日の翌日から10日以内	119ページ

公官庁への提出書類チェックリスト

届出先	届出書類	提出期限・留意点	該当ページ
税務署	□法人設立届出書	設立の日から2カ月以内	90ページ
	□給与支払事務所等の開設届出書	給与支払事務所等を開設した日から1カ月以内	92ページ
	□源泉所得税の納期の特例の承認に関する申請書	原則として適用を受けようとする月の前月まで。	94ページ
	□青色申告の承認申請書	設立の日以後3カ月を経過した日と設立第1期事業年度終了の日とのいずれか早い日の前日	96ページ
	□棚卸資産の評価方法の届出書 □減価償却資産の償却方法の届出書	設立事業年度の申告期限まで。届出がなかった場合、たな卸資産については最終仕入原価法が法定評価方法、減価償却資産については原則として定率法が法定償却方法になる	100ページ 102ページ
	□消費税課税事業者選択届出書	課税事業者をあえて選択する法人は、適用を受けようとする課税期間の初日の前日まで（開業初年度はその年の年末まで）	104ページ
都道府県税事務所	□法人設立届出書	● 設立の日から1カ月以内（東京都の都税事務所においては15日以内）	109ページ

1 税務署への届出を行います

まず、所轄の税務署へ提出する届出です。届出書は国税庁のホームページ（https://www.nta.go.jp/）からダウンロードできます（管轄の税務署も調べられます）。順に見ていきましょう。

■「法人設立届出書」を提出します

1つ目の届出が、「法人設立届出書」です。この届出書は、会社の設立と会社の基本的内容を税務署に報告するためのもので、必ず提出しなければなりません。法人設立届出書に、以下の添付書類をつけて、**設立から2カ月以内**に税務署へ提出してください。

①定款の写し（コピー）
②登記事項証明書
③株主等の名簿

「法人設立届出書」記入例

法人設立届出書

※整理番号	

税務署受付印

令和 ○ 年 10月 1 日 新宿 税務署長殿 新たに内国法人を設立したので届け出ます。	本店又は主たる事務所の所在地	〒 160 － 0000 東京都新宿区西新宿2-33-44あかねビル4階 電話(03) 3333 － 3333
	納税地	〒 160 － 0000 東京都新宿区西新宿2-33-44あかねビル4階
	(フリガナ) 法人名	カブシキガイシャ リザルト 株式会社リザルト
	法人番号	1 2 3 4 5 6 7 8 9 0 1 2 3
	(フリガナ) 代表者氏名	サカモト ヒサシ 坂本 久志
	代表者住所	〒 363 － 0000 埼玉県桶川市春日1-22-33 電話(042) 111 － 1111

設立年月日	令和 ○ 年 10月 1 日	事業年度	(自) 4月 1日 (至) 3月 31日
設立時の資本金又は出資金の額	1 円	消費税の新設法人に該当することとなった事業年度開始の日	年 月 日

事業の目的	(定款等に記載しているもの) コンピュータ部品の販売 (現に営んでいる又は営む予定のもの)	支店・出張所・工場等	名称	所在地

設立の形態	① 個人企業を法人組織とした法人である場合(上尾税務署)(整理番号：) 2 合併により設立した法人である場合 3 新設分割により設立した法人である場合(□分割型・□分社型・□その他) 4 現物出資により設立した法人である場合 5 その他 ( )

設立の形態が2～4である場合の適格区分	適格・その他	添付書類	① 定款等の写し ② その他 (登記事項証明書)
事業開始(見込み)年月日	令和 ○ 年 10 月 1 日		
「給与支払事務所等の開設届出書」提出の有無	㊒・無		
関与税理士 氏名			
関与税理士 事務所所在地	電話( ) －		

税理士署名	

※税務署処理欄	部門		決算期		業種番号		番号		入力		名簿		通信日付印	年 月 日	確認

④設立時の貸借対照表（貸借対照表については268ページ。「設立時貸借対照表」として、資本金1円、普通預金1円、合計額に1円と記入してつくります）

⑤本店所在地の略図（住宅地図のコピーを利用してもよい）等

■「給与支払事務所等の開設届出書」を提出します

会社を設立すると従業員等へ給与の支払が発生します。従業員がいない場合でも、社長に支払われる役員報酬は、給与の支払に当たります。

給与の支払があると、会社は支払う給与の中から税金（源泉所得税）を天引きしていったん預かり、給与の支払を受ける人に代わって税務署に納付しなければなりません。

このとき会社は、「源泉所得税の徴収義務者」という源泉所得税を支払う義務者となります。会社は給与を支払った月の翌月10日までに、この源泉所得税を、納付書を添えて、銀行または郵便局を通じて国に納付します。翌月10日が、土曜日、日曜日、祝祭日に当たる場合には、その休日明けの日が納付期限となります。納付が1日でも遅れると、延滞税や不納付加算税（納付税額の10％）等のペナルティが課せられます。

「給与支払事務所等の開設届出書」とは、この源泉徴収事務を始めるための届出書で、必ず提出しなければなりません。**設立後1カ月以内**に、所在地を所轄する税務署に提出してください。

「給与支払事務所等の開設届出書」記入例

※整理番号	

税務署受付印

給与支払事務所等の(開設)・移転・廃止 届出書

令和 ○ 年 10月 1 日

新宿 税務署長殿

所得税法第230条の規定により次のとおり届け出ます。

事務所開設者	住所又は本店所在地	〒160 − 0000 東京都新宿区西新宿2-33-44あかねビル4階 電話(03)3333 − 3333
	(フリガナ)	カブシキガイシャリザルト
	氏名又は名称	株式会社リザルト
	個人番号又は法人番号	↓個人番号の記載に当たっては、左端を空欄とし、ここから記載してください。 1 2 3 4 5 6 7 8 9 0 1 2 3
	(フリガナ)	サカモト ヒサシ
	代表者氏名	坂本 久志

(注) 「住所又は本店所在地」欄については、個人の方については申告所得税の納税地、法人については本店所在地(外国法人の場合には国外の本店所在地)を記載してください。

開設・移転・廃止年月日	令和 ○ 年 10月 1 日	給与支払を開始する年月日	令和 ○ 年 10月 1 日

○届出の内容及び理由
(該当する事項のチェック欄□にレ印を付してください。)

		「給与支払事務所等について」欄の記載事項 開設・異動前	異動後
開設	☑ 開業又は法人の設立		
	□ 上記以外 ※本店所在地等とは別の所在地に支店等を開設した場合	開設した支店等の所在地	
移転	□ 所在地の移転	移転前の所在地	移転後の所在地
	□ 既存の給与支払事務所等への引継ぎ (理由) □ 法人の合併 □ 法人の分割 □ 支店等の閉鎖 □ その他( )	引継ぎをする前の給与支払事務所等	引継先の給与支払事務所等
廃止	□ 廃業又は清算結了 □ 休業		
その他( )		異動前の事項	異動後の事項

○給与支払事務所等について

	開設・異動前	異動後
(フリガナ)	カブシキガイシャ リザルト	
氏名又は名称	株式会社 リザルト	
住所又は所在地	〒160 − 0000 東京都新宿区西新宿2-33-44あかねビル4階 電話(03)3333 − 3333	〒 − 電話( ) −
(フリガナ)	サカモト ヒサシ	
責任者氏名	坂本 久志	

従事員数	役員 1人	従業員 2人	( ) 人	( ) 人	( ) 人	計 3人

(その他参考事項)

税理士署名	

※税務署処理欄	部門		決算期		業種番号		入力		名簿等		用紙交付		通信日付印	年 月 日	確認		
	番号確認	身元確認 □ 済 □ 未済	確認書類 個人番号カード/通知カード・運転免許証 その他( )														

■「源泉所得税の納期の特例の承認に関する申請書」を提出します

①年2回の納付でよくなります

給与等を支払う際に源泉徴収した所得税は、原則としてその給与等を支払った月の翌月10日までに税務署に納付しなければなりません。

しかし、給与の支給人員が9人以下の源泉徴収義務者である会社については、源泉徴収した所得税を半年分まとめて納めることができる特例があります。

これを**納期の特例**と言います。

この特例を受けていると、その年の1月から6月までに源泉徴収した所得税については**7月10日**、7月から12月までに源泉徴収した所得税は**翌年1月20日**がそれぞれの期間分の納付期限となります。

この特例の適用を受けるための届出書を**「源泉所得税の納期の特例の承認に関する申請書」**と言います。

この手続を行うことで、毎月行わなければならない源泉所得税の納税事務を年2回で済ませることができます。ぜひ提出しておきましょう。

「源泉所得税の納期の特例の承認に関する申請書」記入例

源泉所得税の納期の特例の承認に関する申請書

税務署受付印

※整理番号

令和 ○ 年 10月 1 日	住所又は本店の所在地	〒160 − 0000 東京都新宿区西新宿2-33-44あかねビル4階 電話 03 − 3333 − 3333
	(フリガナ)	カブシキガイシャリザルト
	氏名又は名称	株式会社リザルト
	法人番号	1 2 3 4 5 6 7 8 9 0 1 2 3
	(フリガナ)	サカモト ヒサシ
新宿 税務署長殿	代表者氏名	坂本 久志

次の給与支払事務所等につき、所得税法第216条の規定による源泉所得税の納期の特例についての承認を申請します。　令和 ○ 10 1

給与支払事務所等に関する事項				
	給与支払事務所等の所在地 ※ 申請者の住所(居所)又は本店(主たる事務所)の所在地と給与支払事務所等の所在地とが異なる場合に記載してください。	〒 − 電話 − −		
	申請の日前6か月間の各月末の給与の支払を受ける者の人員及び各月の支給金額 [外書は、臨時雇用者に係るもの]	月区分	支給人員	支給額
		令和○年 10 月	外 3 人	外 630,000 円
		年 月	外 人	外 円
		年 月	外 人	外 円
		年 月	外 人	外 円
		年 月	外 人	外 円
		年 月	外 人	外 円
	1 現に国税の滞納があり又は最近において著しい納付遅延の事実がある場合で、それがやむを得ない理由によるものであるときは、その理由の詳細 2 申請の日前1年以内に納期の特例の承認を取り消されたことがある場合には、その年月日			

税理士署名	

※税務署処理欄	部門		決算期		業種番号		番号		入力		名簿		通信日付印	年 月 日	確認	

②適用を受ける月の前月末日までに提出しましょう

この申請書は**適用を受けようとする月の前月末日まで**に提出してください。

「申請書を出した月」の給与の源泉所得税は、この適用を受ける前の給与になります。その月の源泉所得税は翌月10日に納付し、翌月から特例の納付になるので気をつけましょう。

この特例の対象となるのは、給与や退職金から源泉徴収をした所得税と、税理士報酬等から源泉徴収した所得税に限られ、配当金やその他の報酬・料金等の源泉所得税は除かれます。

なお納付期限に1日でも遅れると、延滞税や不納付加算税（10％）等というペナルティを負担しなければなりません。

これは、原則の納付方法と同じです。

ですが、半年分の源泉所得税なので金額が大きくなります。馬鹿にできない金額になるので、注意してください。

■「青色申告の承認申請書」を提出します

会社を設立したら、法人税の確定申告を行わなければなりません。

このとき青色申告と白色申告という2つの申告方法があります。

青色申告を選べば、日々の取引を厳密に帳簿づけすることが求められますが、その見返りに節税上のメリットが多く受けられます（⬇178ページ）。

節税の第1歩になりますので、なにはともあれ青色申告を選んでおきましょう。

この青色申告をするために**「青色申告の承認申請書」**という書類を税務署に提出します。

承認申請書提出後、税務署長から承認却下等の通知がなければ青色申告が承認されたことになります。

「青色申告の承認申請書」も国税庁のホームページ（https://www.nta.go.jp/）からダウンロードできます。

必要事項を記入したら、**株式会社設立の日から3カ月以内**に提出してください。

1日でも提出が遅れてしまうと、その事業年度は青色申告ができません。

なお、株式会社設立の日から3カ月以内に決算期を迎える場合には、決算期終了の日の前日までに提出する必要があります。

①青色申告には厳正な帳簿づけが求められます

青色申告法人は帳簿づけ等、次のようなルールを守らなければなりません。

詳細に関しては、次章で解説しているので、まずはこれらが大切だということを押さえておきましょう。

●複式簿記の原則にしたがってすべての取引を整然と、明瞭に記録し、決算を行うこと
●仕訳（日記）帳（通常は仕訳伝票）、総勘定元帳を備えつけること
●仕訳（日記）帳（通常は仕訳伝票）、総勘定元帳に年月日、取引の内容、勘定科目、金額等を記載すること
●期末棚卸高明細表（たな卸表）を作成すること
●貸借対照表、損益計算書を作成すること
●帳簿書類を7年間整理保存すること（欠損金が生じた事業年度は9年）（平成30年4月1日以後に開始する欠損金が生ずる事業年度は10年）

なお、市販されている会計ソフトは、たいてい、たな卸表以外の帳簿についてはすべて記帳できるようにつくられています。

②「青色申告の承認申請書」に記入しましょう

記入例を参考に書類を完成させましょう。「青色申告書を提出する事業年度」には、設立日から、設立年度終了の日を記入します。「1」の欄では、2番目の青色申告を最初に出すという欄にチェックを入れます。そして「2（1）」欄では、帳簿書類の種類を記入例のように書いてください。また、パソコンを使用しているときは「電子計算機利用」に○をつけ、税理

「青色申告の承認申請書」記入例

青色申告の承認申請書

税務署受付印

※整理番号	

令和 ○ 年 10月 1 日

新宿 税務署長殿

納税地	〒 160 − 0000 東京都新宿区西新宿2-33-44あかねビル4階 電話（03　）3333 − 3333
（フリガナ）	カブシキガイシャリザルト
法人名等	株式会社リザルト
法人番号	1 2 3 4 5 6 7 8 9 0 1 2 3
（フリガナ）	サカモト　ヒサシ
代表者氏名	坂本　久志
代表者住所	〒 363 − 0000 埼玉県桶川市春日1-22-33
事業種目	コンピュータ部品の販売（卸売）　業
資本金又は出資金額	1 円

自 令和○年 10 月 1 日
至 令和○年 3 月 31 日
事業年度から法人税の申告書を青色申告書によって提出したいので申請します。

記

1　次に該当するときには、それぞれ□にレ印を付すとともに該当の年月日等を記載してください。

□ 青色申告書の提出の承認を取り消され、又は青色申告書による申告書の提出をやめる旨の届出書を提出した後に再び青色申告書の提出の承認を申請する場合には、その取消しの通知を受けた日又は取りやめの届出書を提出した日　　年　月　日

☑ この申請後、青色申告書を最初に提出しようとする事業年度が設立第一期等に該当する場合には、内国法人である普通法人若しくは協同組合等にあってはその設立の日、内国法人である公益法人等若しくは人格のない社団等にあっては新たに収益事業を開始した日又は公益法人等（収益事業を行っていないものに限ります。）に該当していた普通法人若しくは協同組合等にあっては当該普通法人若しくは協同組合等に該当することとなった日　　令和○年 10月 1日

□ 所得税法等の一部を改正する法律（令和2年法律第8号）（以下「令和2年改正法」といいます。）による改正前の法人税法（以下「令和2年旧法人税法」といいます。）第4条の5第1項（連結納税の承認の取消し）の規定により連結納税の承認を取り消された後に青色申告書の提出の承認を申請する場合には、その取り消された日　　年　月　日

□ 令和2年旧法人税法第4条の5第2項各号の規定により連結納税の承認を取り消された場合には、同項各号のうち、取消しの基因となった事実に該当する号及びその事実が生じた日　　令和2年旧法人税法第4条の5第2項第　号　　年　月　日

□ 連結納税の取りやめの承認を受けた日を含む連結親法人事業年度の翌事業年度に青色申告書の提出をしようとする場合には、その承認を受けた日　　年　月　日

□ 令和2年改正法附則第29条第2項の規定による届出書を提出した日を含む最終の連結事業年度の翌事業年度に青色申告書の提出をしようとする場合には、その届出書を提出した日　　年　月　日

2　参考事項

(1)　帳簿組織の状況

伝票又は帳簿名	左の帳簿の形態	記帳の時期	伝票又は帳簿名	左の帳簿の形態	記帳の時期
現金出納帳	ルーズリーフ	毎日	買掛帳	〃	〃
預金出納帳	会計ソフト	〃	総勘定元帳	〃	〃
売掛帳	〃	〃			

(2)　特別な記帳方法の採用の有無
　イ　伝票会計採用
　(ロ)　電子計算機利用

(3)　税理士が関与している場合におけるその関与度合

税理士署名	

※税務署処理欄	部門		決算期		業種番号		番号		入力		備考		通信日付印	年　月　日	確認	

士に依頼している場合は税理士の署名と押印をもらいます。

■「棚卸資産の評価方法の届出書」を提出します

たな卸資産とは、在庫等に代表される資産です。

会社は、一定の評価方法で、このたな卸資産の額を決め、資産として損益計算書や貸借対照表等の決算書に組み入れて、正しい利益を計算しなければなりません。

そして、会社は、このたな卸資産の評価方法を、自社の業態等に適したものを選択することができます。

この選択に当たって提出する届出が**「棚卸資産の評価方法の届出書」**です。

提出期限は、**最初の確定申告書の提出期限**です。

なお、提出がない場合には、商品の最終仕入価格をその商品たな卸の金額とする**「最終仕入原価法」**が採用されます。通常は、届出書を出さずこの評価方法をとります。

最終仕入原価法は、細かい期中の仕入値の動きを追跡しなくてよいというメリットがあります。他の評価方法については、200ページで解説しています。

営む事業の種類や取り扱う資産の性質等を総合的に勘案して、一番有利な方法を選択しましょう。

「棚卸資産の評価方法の届出書」記入例

棚卸資産の評価方法の届出書

税務署受付印

※整理番号	

令和 ○ 年 10 月 1 日	納税地	〒 160 − 0000 東京都新宿区西新宿2-33-44あかねビル4階 電話（03 ）3333 − 3333
	（フリガナ）	カブシキガイシャリザルト
	法人名等	株式会社リザルト
	法人番号	1 2 3 4 5 6 7 8 9 0 1 2 3
	（フリガナ）	サカモト ヒサシ
	代表者氏名	坂本 久志
	代表者住所	〒 363 − 0000 埼玉県桶川市春日1-22-33
新宿 税務署長殿	事業種目	コンピュータ部品の販売（卸売） 業

連結子法人（届出の対象が連結子法人である場合に限り記載）	（フリガナ） 法人名等		※税務署処理欄	整理番号	
	本店又は主たる事務所の所在地	〒 − （ 局 署） 電話（ ） −		部門	
				決算期	
	（フリガナ） 代表者氏名			業種番号	
	代表者住所	〒 −		整理簿	
	事業種目	業		回付先	□ 親署 ⇒ 子署 □ 子署 ⇒ 調査課

棚卸資産の評価方法を下記のとおり届け出ます。

記

事業の種類（又は事業所別）	資産の区分	評価方法
コンピュータ部品の販売（卸売）	商品又は製品	最終仕入原価法
	半製品	
	仕掛品（半成工事）	
	主要原材料	
	補助原材料 その他の棚卸資産	

参考事項

1 新設法人等の場合には、設立等年月日　令和○年 10 月 1 日

2 新たに他の種類の事業を開始した場合又は事業の種類を変更した場合には、開始又は変更の年月日　年 月 日

3 その他

税理士署名	

※税務署処理欄	部門		決算期		業種番号		番号		整理簿		備考		通信日付印	年 月 日	確認	

（法 1305）

■「減価償却資産の償却方法の届出書」を提出します

会社が事業目的で購入した、建物、自動車、機械やパソコン等の資産は、購入した年にすべて経費にして落とすことはできません。「パソコンは4年」といったように、それぞれの資産ごとに決められた期間があって、その期間の中で分割されて経費として計上されるのです。

こうした資産は**減価償却資産**と呼ばれ、償却（経費化）の方法が選択できます。主に次の2種類が代表的な償却方法です。

●**定額法**＝毎年一定額を減価償却費として計上していく方法
●**定率法**＝毎年一定の割合で減少していくように償却していく方法

一般的には定率法が早期に費用化が行えるため有利と言われています（ただし、平成10年4月1日以降に取得した建物及び平成28年4月1日以降に取得した建物附属設備及び構築物に関しては、定額法のみとなります）。

この償却法を選択するために提出するのが**「減価償却資産の償却方法の届出書」**です。提出期限は最初の確定申告書の提出期限と同じです。

提出がない場合には定率法で償却することになるので、通常は届出書を出さず、定率法を選択します。あえて特定の減価償却資産（記入例では器具及び備品）で定額法を選択する場合、この届出を提出します。具体的な計算方法については244ページで後述します。

「減価償却資産の償却方法の届出書」記入例

減価償却資産の償却方法の届出書

※整理番号	

税務署受付印

令和 ○ 年 10 月 1 日

新宿 税務署長殿

納税地	〒 160 − 0000 東京都新宿区西新宿2-33-44あかねビル4階 電話（03　　）3333 − 3333
（フリガナ）	カブシキガイシャリザルト
法人名等	株式会社リザルト
法人番号	1 2 3 4 5 6 7 8 9 0 1 2 3
（フリガナ）	サカモト　ヒサシ
代表者氏名	坂本　久志
代表者住所	〒 363 − 0000 埼玉県桶川市春日1-22-33
事業種目	コンピュータ部品の販売(卸売)　業

連結子法人（届出の対象が連結子法人である場合に限り記載）		※税務署処理欄	
（フリガナ） 法人名等		整理番号	
本店又は主たる事務所の所在地	〒　−　（　局　署） 電話（　）　−	部門	
（フリガナ） 代表者氏名		決算期	
		業種番号	
代表者住所	〒　−	整理簿	
事業種目	業	回付先	□ 親署 ⇒ 子署 □ 子署 ⇒ 調査課

減価償却資産の償却方法を下記のとおり届け出ます。

記

資産、設備の種類	償却方法	資産、設備の種類	償却方法
建物附属設備			
構築物			
船舶			
航空機			
車両及び運搬具			
工具			
器具及び備品	定額法	その他	定率法
機械及び装置	／		
（　　）設備			
（　　）設備			

参考事項	
	1 新設法人等の場合には、設立等年月日　令和○年 10 月 1 日 2 その他

税理士署名	

※税務署処理欄	部門		決算期		業種番号		番号		整理簿		備考		通信日付印	年 月 日	確認	

（法 1311）

2

消費税の課税事業者になるか検討してください

■必要に応じて「消費税課税事業者選択届出書」を提出します

消費税は、商品の販売やサービスの提供等の取引にかかる税金です。生産から流通の取引段階において、課税され、最後に購入する消費者が負担します。

事業者は、消費者から預かったこの税金を申告し、納税をします。ただし、すべての事業者が納税をしなければならないわけではありません。原則として、**当事業年度の前々事業年度における課税売上高が1000万円以下**の事業者は、納税義務を免除されます。

ただし、設立1期目、2期目についても、その事業年度開始日における資本金の額が1000万円以上の場合には納税義務は免除されず、課税事業者となります。

また、平成25年1月1日以後開始年度から、前事業年度の上半期（特定期間）の課税売上高または支払い給与の合計額が1000万円超の会社は課税事業者となります。

ですから、株式会社リザルトは、1、2年目については前々事業年度の課税売上高がなく、資本金が1000万円未満なので、消費税の納税義務がありません。ただし、この場合、仕入で支払った消費税（**課税仕入**）が、売上で受け取った消費税（**課税売上**）を上回っても、消費税の還付を受けられません。

例えば、開業費あるいは設備投資費（つまり課税仕入）が多く、課税売上を上回りそうだと見込まれる場合は、**「消費税課税事業者選択届出書」**を提出することで、課税売上高にかかわらず、課税事業者になることができ、余分に支払った消費税の還付が受けられます。

課税事業者選択は、**届出を提出した日の翌事業年度からの適用**です。つまり前年の事業年度末までに提出する必要があります。**開業初年度は、初年度の年末**までに提出すればよいことになっています。また、いったん提出すると、2年間は免税事業者に戻れません。

なお、この2年間に調整対象固定資産（棚卸資産以外の資産で税抜仕入価格が100万円以上のもの）や高額特定資産（棚卸資産もしくは調整対象固定資産に該当するもので税抜仕入価格が1000万円以上のもの）を取得するなど一定要件に該当する場合は、3年間は免税事業者に戻れず、簡易課税の選択もできません。

帳簿等に相手先を記載する必要があります

消費税は、売上で受取った消費税から、仕入で支払った消費税を控除したものを納税する仕組みですから、課税事業者は、売上・仕入についての消費税を帳簿等に明確に記載しておかなければ計算ができません。

そこで、取引ごとに本体価格と消費税とを分けて集計し、受取った消費税を「仮受消費税」、支払った消費税を「仮払消費税」という勘定科目に分類して伝票や出納帳に記帳します。また、仕入についての消費税を控除するためには、帳簿の摘要欄に相手方の「氏名または名称」を記載しなければいけません。消費税の計算等についてはｰ220ページ以降で詳述します。

■インボイスの発行事業者に登録します

消費税には「インボイスの発行」というルールがあります。インボイスとは請求書等の書類を指す言葉ですが、この作成方法に一定のルールが設けられており、このルールに従わないインボイスは消費税の計算上、不利な扱いを受けることになります。下請法などの関連法令である程度保護されるとはいえ、適切なインボイスを発行しない事業者は仕入先として敬遠される恐れがあります。

インボイスを発行するには、単にルール通りに作ればよいだけでなく、税務署に「適格請求書発行事業者の登録申請書」を提出して登録を受けなくてはなりません。登録が受け付けられ登録番号が通知されてはじめてインボイスを発行できるようになります。

「消費税課税事業者選択届出書」記入例

第１号様式

消費税課税事業者選択届出書

収受印

令和 ○ 年 10 月 1 日	届出者	（フリガナ）	アカネビル
		納税地	（〒 160 － 0000） 東京都新宿区西新宿2-33-44あかねビル4階 （電話番号 03 － 3333 － 3333 ）
		（フリガナ）	アカネビル
		住所又は居所（法人の場合）本店又は主たる事務所の所在地	（〒 160 － 0000） 東京都新宿区西新宿2-33-44あかねビル4階 （電話番号 03 － 3333 － 3333 ）
		（フリガナ）	カブシキガイシャリザルト
		名称（屋号）	株式会社リザルト
		個人番号又は法人番号	↓ 個人番号の記載に当たっては、左端を空欄とし、ここから記載してください。 1 2 3 4 5 6 7 8 9 0 1 2 3
		（フリガナ）	サカモト ヒサシ
		氏名（法人の場合）代表者氏名	坂本 久志
		（フリガナ）	サイタマケンオケガワシカスガ
新宿 税務署長殿		（法人の場合）代表者住所	埼玉県桶川市春日1-22-33 （電話番号 042 － 111 － 1111 ）

下記のとおり、納税義務の免除の規定の適用を受けないことについて、消費税法第９条第４項の規定により届出します。

適用開始課税期間	自 令和 ○ 年 10 月 1 日 至 令和 ○ 年 3 月 31 日				
上記期間の基準期間	自 年 月 日	左記期間の総売上高	円		
	至 年 月 日	左記期間の課税売上高	円		
事業内容等	生年月日（個人）又は設立年月日（法人）	1明治・2大正・3昭和・4平成・5令和（○） 令和 ○ 年 10 月 1 日	法人のみ記載	事業年度	自 4 月 1 日 至 3 月 31 日
				資本金	1 円
	事業内容	コンピュータ部品の販売	届出区分	事業開始・設立（○）・相続・合併・分割・特別会計・その他	
参考事項		税理士署名	（電話番号 － － ）		

※税務署処理欄	整理番号		部門番号				
	届出年月日	年 月 日	入力処理	年 月 日	台帳整理	年 月 日	
	通信日付印 年 月 日	確認	番号確認	身元確認 □ 済 □ 未済	確認書類	個人番号カード／通知カード・運転免許証 その他（ ）	

注意 1．税務署処理欄は、記載しないでください。

ただし、インボイス発行事業者になるということは、消費税の納税事業者になるということと同義です。先述した売上額による納税義務判定にかかわらず、毎期消費税の申告・納付が必要になる点に注意してください。

なお、業種によってはインボイス発行事業者に登録しなくても特に不利にならないケースもあります。インボイスが必要になる場面は売上先が事業者である場合に限られるので、飲食店のような一般消費者をメインターゲットとする業種ではインボイスは必要になりません。

インボイス制度も含め、消費税はとても複雑難解な税金です。消費税にかかわる意思決定は必ず十分な時間をとって調査をするか税理士等の専門家に相談するようにしましょう。

3 地方自治体への届出を行います

■「法人設立届出書」を提出します

税務署に出すものとは別に（⬇90ページ）、**「法人設立届出書」**を都道府県税事務所と市町村役場の両方に提出してください。ただし、東京23区内に本店がある会社は、都税事務所への届出のみでよく、区役所への届出は必要ありません。本店所在地の都道府県税事務所や市町村役場によって異なるので注意してください。

提出に当たっては**「定款の写し」「登記事項証明書」**を添付してください。

提出期限は**会社設立日から1カ月以内**（東京都税事務所の場合は会社設立から15日以内）です。

届出書類は、都道府県のホームページ上で対応している場合もあります（東京都の場合は東京都主税局 https://www.tax.metro.tokyo.jp/）。

「法人設立届出書」記入例

法人 設立（○）・設置 届出書

受付印

令和　○年 10月 1日

新宿都税事務所長殿

管理番号			
（フリガナ）		カブシキガイシャリザルト	
法人名		株式会社リザルト	
法人番号		1 2 3 4 5 6 7 8 9 0 1 2 3	
本店所在地		〒160 － 0000 東京都新宿区西新宿2-33-44あかねビル4階 電話（ 03 － 3333 － 3333 ）	
主たる事務所	名称	株式会社リザルト	
	所在地	〒160 － 0000 東京都新宿区西新宿2-33-44あかねビル4階 電話（ 03 － 3333 － 3333 ）	
代表者	（フリガナ）	サカモト　ヒサシ	
	氏名	坂本　久志	
	住所	〒363 － 0000 埼玉県桶川市春日1-22-33 電話（ 042 － 111 － 1111 ）	
送付先・連絡先	区分	本店　・　主たる事務所　・　その他	
※区分がその他の場合は名称・所在地を記入	名称		
	所在地	〒363 － 0000 埼玉県桶川市春日1-22-33 電話（ 042 － 111 － 1111 ）	

設立（○）・設置年月日	令和　○　年 10 月　1 日	事業年度1	年 4 月 1 日 ～ 年 3 月 31日
事業開始（見込）年月日	年　月　日	事業年度2	年　月　日 ～ 年　月　日
資本金又は出資金の額	1	資本金の額及び資本準備金の額の合算額	資本金等の額　1

申告期限延長の有無	事業税	有・無	事業年度	年　月　日 ～ 年　月　日	月間
	法人税（住民税）	有・無	事業年度	年　月　日 ～ 年　月　日	月間

事業の目的	定款等に記載されている主なもの	コンピュータ部品の販売
	現に営んでいるもの（予定）	

支店・出張所・工場等	名称	所在地	設置年月日
			年　月　日
			年　月　日
			年　月　日

分割法人区分	分割　・　非分割	分割県数	

設立の形態

(1)（○）個人企業を法人組織とした法人
2. 合併により設立した法人
3. 新設分割により設立した法人（ 分割型 ・ 分社型 ・ その他 ）
4. 現物出資により設立した法人
5. その他（　　　　）

設立前の状況等	名称	所在地	事業内容等
	坂本　久志	埼玉県桶川市春日1-22-33	コンピュータ部品の販売

合併等期日	年　月　日		
適格区分	適格　・　その他	法人成の場合の個人事業廃業日	年　月　日

通算親法人又は連結親法人の場合	最初通算事業年度又は最初連結事業年度	年　月　日 ～ 年　月　日
通算子法人又は連結子法人の場合	（フリガナ） 通算親法人又は連結親法人名	
	通算親法人又は連結親法人の法人番号	
	通算親法人又は連結親法人の所在地	〒　－ 電話（　－　－　）
	通算親法人又は連結親法人の決算期（事業年度）	年　月　日 ～ 年　月　日
	通算子法人又は連結子法人適用開始事業年度	年　月　日 ～ 年　月　日

関与税理士等氏名	
関与税理士等住所	〒　－ 電話（　－　－　）
備考	
団体処理欄	

4 年金事務所への届出を行います

■「健康保険 厚生年金保険新規適用届」等を提出します

会社を設立したら従業員がいる場合はもちろん、社長1人だけの会社でも役員報酬が支払われている限り、社会保険に被保険者として必ず加入しなければなりません。加入の手続は本店所在地を管轄する年金事務所で行います。

管轄は、日本年金機構のホームページ（https://www.nenkin.go.jp/）で確認できます。

社会保険には**「健康保険」「介護保険」「厚生年金保険」**があります。

健康保険とは、被保険者とその家族が病気やケガをした場合の治療費の負担、それにより休業した場合の生活費の補助、出産や死亡した場合にかかった費用の軽減等を主な目的としています。

介護保険とは、高齢時の心身の変化が原因でなる病気等により、介護、機能訓練、看護といった他の医療を必要とする人が、その人の能力に応じて、自立した日常生活を送ることができるように、必要な保健医療や福祉サービスを受けられることを目的としています。

厚生年金保険とは、加入者が65歳以上の年齢になったとき、在職中病気やケガで障害を持ち働けなくなったとき、あるいは本人が死亡し被扶養者が残されたときに定期的に生活費の補助を行う制度です。

これらの社会保険に関する届出は、**会社を設立した日から5日以内**に管轄の年金事務所に次の届出と添付書類等を電子申請、郵送、窓口持参にて提出しなければなりません。


【届出】

- **「健康保険　厚生年金保険新規適用届」**
- **「健康保険　厚生年金保険被保険者資格取得届」**
- **「健康保険被扶養者（異動）届」**（被扶養者がいる場合は、扶養認定できる書類が必要です）
- **「保険料口座振替申出書」**
- **「第3号被保険者にかかる届出」**（被扶養者がいる場合）

【添付書類】

- **登記事項証明書原本**（90日以内のもの）
- **建物賃貸借契約書写**（謄本の住所と事務所の住所が異なる場合）

●法人番号指定通知書等のコピー
●労働者名簿
●出勤簿（タイムカードでも可）
●賃金台帳及び源泉徴収簿
●就業規則・源泉所得税領収書等
●現金出納簿、年金手帳（基礎年金番号がわかる部分）　**等**

届出は年金事務所で入手もしくは日本年金機構のホームページからダウンロードできます。添付書類が多岐にわたるため、このとき窓口で念のため確認しておきましょう。

書式例（一部省略）を参考にそれぞれの届出に記入してください。また、年金事務所の窓口でもらえる「社会保険の加入手続」という冊子にも記入のしかたが書かれています。あわせて参考にしてください。

「健康保険　厚生年金保険新規適用届」記入例

様式コード			
2	1	0	1

健康保険
厚生年金保険　**新規適用届**

令和　　年　　月　　日提出

受付印

事業主記入欄

事業所所在地	〒 160 － 0000 (フリガナ) トウキョウトシンジュククニシシンジュク 東京都新宿区西新宿2-33-44あかねビル4階
事業所名称	(フリガナ) カブシキガイシャリザルト 株式会社リザルト
電話番号	03　(　3333　)　3333

社会保険労務士記載欄
氏名等

事業所情報記入欄

① 事業主（または代表者）氏名	(フリガナ) サカモト　ヒサシ (氏) 坂本　(名) 久志	② 問合せ先担当者名（内線）	問合せ先担当者名　内線番号
③ 事業主（または代表者）住所	〒 363 － 0000 埼玉県桶川市春日1-22-33		
④ 事業主代理人氏名（「事業主代理人」有の場合）	(フリガナ) (氏)　(名)		
⑤ 事業主代理人住所	〒　－		
⑥ 業態区分（事業の種類）	1 9　事業の種類　卸売業	⑦ 適用年月日（※記入不要）	9. 令和　年　月　日
⑧ 個人・法人等区分	**1. 法人事業所**（〇） 2. 個人事業所 3. 国・地方公共団体	⑨ 法人番号等	1. 法人番号 2. 会社法人等番号 1 2 3 4 5 6 7 8 9 0 1 2 3
⑩ 本店・支店区分	**1. 本店**（〇） 2. 支店	⑪ 内・外国区分	**1. 内国法人**（〇） 2. 外国法人
⑫ 社会保険労務士名		社会保険労務士コード	
⑬ 健康保険組合名称	(フリガナ) 健康保険組合	⑭ 厚生年金基金番号	厚生年金基金
⑮ 給与計算の締切日	20 日	⑯ 昇給月	10 月　月　月　月
⑰ 算定基礎届媒体作成	0. 必要（紙媒体） 1. 不要（自社作成） 2. 必要（電子媒体）		
⑱ 給与支払日	**当月**（〇） 翌月　25 日	⑲ 賞与支払予定月	12 月　07 月　月　月
⑳ 賞与支払届媒体作成	0. 必要（紙媒体） 1. 不要（自社作成） 2. 必要（電子媒体）		
㉑ 給与形態	**1. 月給**（〇）　5. 時間給 2. 日給　6. 年俸制 3. 日給月給　7. その他 4. 歩合給（　　）	㉒ 諸手当の種類	1. 家族手当　5. 精勤手当 2. 住宅手当　**6. 残業手当**（〇） 3. 役付手当　7. その他 **4. 通勤手当**（〇）（　　）
㉓ 現物給与の種類	1. 食事　5. その他 2. 住宅（　　） 3. 被服 4. 定期券		
㉔ 従業員情報	1. 従業員数（役員含む）　3　人 2. 社会保険に加入する従業員数　3　人		
	3. 社会保険に加入しない従業員について ※ ㋑～㋓については平均的な勤務日数および勤務時間を記入してください。		㋐ 役員　人［報酬（0. 無 ／ 1. 有）・常勤（　人）・非常勤（　人）］ ㋑ 嘱託職員等　人［1月　日・1週　時間］ ㋒ パート　人［1月　日・1週　時間］ ㋓ アルバイト　人［1月　日・1週　時間］
㉕ 所定労働日数 所定労働時間	1月　20　日・1週　40　時間　00　分		
㉖ 備考			

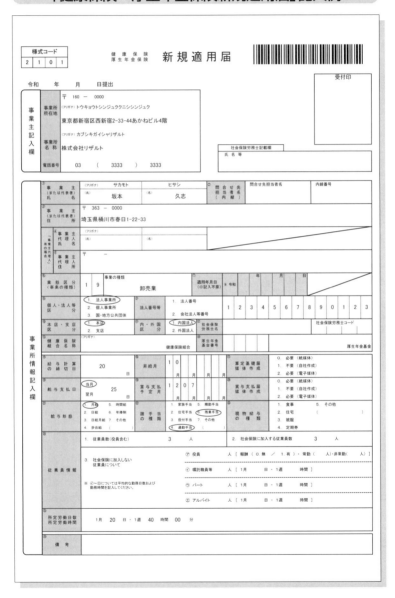

「健康保険 厚生年金保険被保険者資格取得届」記入例

様式コード
2200

健康保険
厚生年金保険
被保険者資格取得届

厚生年金保険
70歳以上被用者該当届

令和　年　月　日提出

提出者記入欄

事業所整理記号	00－XXX
事業所番号	00000
事業所所在地	届書記入の個人番号に誤りがないことを確認しました。 〒160－0000 東京都新宿区西新宿2-33-44あかねビル4階
事業所名称	株式会社リザルト
事業主氏名	代表取締役　坂本　久志
電話番号	03（3333）3333

社会保険労務士記載欄
氏名等

受付印

被保険者1

① 被保険者整理番号	
② 氏名	(ﾌﾘｶﾞﾅ) サカモト ヒサシ (氏) 坂本 (名) 久志
③ 生年月日	⑤昭和 7.平成 9.令和　00年07月01日
④ 種別	①男 2.女 3.坑内員 5.男(基金) 6.女(基金) 7.坑内員(基金)
⑤ 取得区分	①健保・厚年 3.共済出向 4.船保任継
⑥ 個人番号〔基礎年金番号〕	123456789012
⑦ 取得(該当)年月日	⑨令和 00年10月01日
⑧ 被扶養者	0.無 ①有
⑨ 報酬月額	㋐(通貨) 300,000円　㋑(現物) 円　㋒(合計 ㋐+㋑) 300000円
⑩ 備考	該当する項目を○で囲んでください。 1.70歳以上被用者該当 2.二以上事業所勤務者の取得 3.短時間労働者の取得(特定適用事業所等) 4.退職後の継続再雇用者の取得 5.その他（　）
⑪ 住所	日本年金機構に提出する際、個人番号を記入した場合は、住所記入は不要です。 〒　－　(ﾌﾘｶﾞﾅ)　理由：1.海外在住 2.短期在留 3.その他（　）

被保険者2

① 被保険者整理番号	
② 氏名	(ﾌﾘｶﾞﾅ) クロキ ヨシオ (氏) 黒木 (名) 美雄
③ 生年月日	⑤昭和 7.平成 9.令和　00年09月06日
④ 種別	①男 2.女 3.坑内員 5.男(基金) 6.女(基金) 7.坑内員(基金)
⑤ 取得区分	①健保・厚年 3.共済出向 4.船保任継
⑥ 個人番号〔基礎年金番号〕	234567890123
⑦ 取得(該当)年月日	⑨令和 00年10月01日
⑧ 被扶養者	⓪無 1.有
⑨ 報酬月額	㋐(通貨) 210,000円　㋑(現物) 円　㋒(合計 ㋐+㋑) 210000円
⑩ 備考	該当する項目を○で囲んでください。 1.70歳以上被用者該当 2.二以上事業所勤務者の取得 3.短時間労働者の取得(特定適用事業所等) 4.退職後の継続再雇用者の取得 5.その他（　）
⑪ 住所	日本年金機構に提出する際、個人番号を記入した場合は、住所記入は不要です。 〒　－　(ﾌﾘｶﾞﾅ)　理由：1.海外在住 2.短期在留 3.その他（　）

被保険者3

① 被保険者整理番号	
② 氏名	(ﾌﾘｶﾞﾅ) タナカ ヨウコ (氏) 田中 (名) 洋子
③ 生年月日	⑤昭和 7.平成 9.令和　00年03月24日
④ 種別	1.男 ②女 3.坑内員 5.男(基金) 6.女(基金) 7.坑内員(基金)
⑤ 取得区分	①健保・厚年 3.共済出向 4.船保任継
⑥ 個人番号〔基礎年金番号〕	345678901234
⑦ 取得(該当)年月日	⑨令和 00年10月01日
⑧ 被扶養者	⓪無 1.有
⑨ 報酬月額	㋐(通貨) 120,000円　㋑(現物) 円　㋒(合計 ㋐+㋑) 120000円
⑩ 備考	該当する項目を○で囲んでください。 1.70歳以上被用者該当 2.二以上事業所勤務者の取得 3.短時間労働者の取得(特定適用事業所等) 4.退職後の継続再雇用者の取得 5.その他（　）
⑪ 住所	日本年金機構に提出する際、個人番号を記入した場合は、住所記入は不要です。 〒　－　(ﾌﾘｶﾞﾅ)　理由：1.海外在住 2.短期在留 3.その他（　）

被保険者4

① 被保険者整理番号	
② 氏名	(ﾌﾘｶﾞﾅ) (氏) (名)
③ 生年月日	5.昭和 7.平成 9.令和　年　月　日
④ 種別	1.男 2.女 3.坑内員 5.男(基金) 6.女(基金) 7.坑内員(基金)
⑤ 取得区分	1.健保・厚年 3.共済出向 4.船保任継
⑥ 個人番号〔基礎年金番号〕	
⑦ 取得(該当)年月日	9.令和　年　月　日
⑧ 被扶養者	0.無 1.有
⑨ 報酬月額	㋐(通貨) 円　㋑(現物) 円　㋒(合計 ㋐+㋑) 円
⑩ 備考	該当する項目を○で囲んでください。 1.70歳以上被用者該当 2.二以上事業所勤務者の取得 3.短時間労働者の取得(特定適用事業所等) 4.退職後の継続再雇用者の取得 5.その他（　）
⑪ 住所	日本年金機構に提出する際、個人番号を記入した場合は、住所記入は不要です。 〒　－　(ﾌﾘｶﾞﾅ)　理由：1.海外在住 2.短期在留 3.その他（　）

協会けんぽご加入の事業所様へ
※ 70歳以上被用者該当届のみ提出の場合は、「⑩備考」欄の「1.70歳以上被用者該当」および「5.その他」に○をし、「5.その他」の（ ）内に「該当届のみ」とご記入ください（この場合、健康保険被保険者証の発行はありません）。

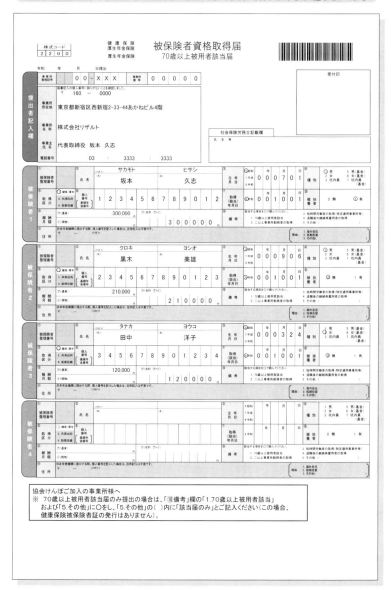

5 労働基準監督署・公共職業安定所で労働保険の手続を行います

労働保険とは**「労災保険」**と**「雇用保険」**の総称です。従業員を1人でも雇い入れると労働保険に加入しなければなりません。社長1人の会社ならば加入の必要はありません。加入のための届出を紹介しておきましょう。

■「労働保険　保険関係成立届」等を提出します

まず、労災保険（労働者災害補償保険）に加入するために、**「労働保険　保険関係成立届」**を提出する必要があります。書類は労働基準監督署で入手できます。

提出期日は**保険関係成立の日（最初の従業員を雇った日）の翌日から10日以内**に管轄の労働基準監督署に提出します。主な添付書類は次の通りです。書類を入手する際に、窓口で確認しておきましょう。

- **登記事項証明書**
- **労働者名簿**
- **賃金台帳**
- **出勤簿　等**

他に**「適用事業報告」**や、**就業規則**と**「就業規則届」**（従業員が10人以上の場合）、**「時間外労働・休日労働に関する協定届」**（時間外、休日労働をさせる場合）が必要になります。

上記書類を提出後、労働保険料を納付します。労働保険料は翌年度分を概算で前払いし、払いすぎが生じた場合は、翌年精算される仕組みです。

初年度の納付に当たっては**「労働保険概算保険料申告書」**に記入し、**保険関係成立の日（最初の従業員を雇った日）から50日以内**に提出します。手順にそって記入していくと、納付すべき労働保険料がわかります。

■「雇用保険適用事業所設置届」「雇用保険被保険者資格取得届」を提出します

労災保険の次は雇用保険関係の手続に入ってください。

事業所を設置すると、**「雇用保険適用事業所設置届」**を提出する必要があります。この届出は、

事業主が事業所を設置した日の翌日から数えて10日以内に事業所を管轄する公共職業安定所に提出します。また、従業員を雇う場合には**「雇用保険被保険者資格取得届」**も提出します。こちらの届出は、**従業員を雇用した日の翌日から10日以内**に提出します。

なお、主な添付書類は以下の通りです。こちらについても、公共職業安定所に行ったときに確認しておくことをおすすめします。

- **労働保険　保険関係成立届**（控え）
- **登記事項証明書**
- **労働者名簿**
- **源泉徴収簿**
- **出勤簿**
- **雇用保険被保険者証　等**

届出は厚生労働省のホームページ（https://www.mhlw.go.jp/）からダウンロードできます。

「労働保険　保険関係成立届」記入例

様式第1号（第4条、第64条、附則第2条関係）（1）（表面）

提出用

労働保険
0：保険関係成立届（継続）（事務処理委託届）
1：保険関係成立届（有期）
2：任意加入申請書（事務処理委託届）

○年10月5日

※種別 31600

下記のとおり（イ）届けます。（31600又は31601のとき）（ロ）労災保険（ハ）雇用保険 の加入を申請します。（31602のとき）

労働局長
労働基準監督署長　殿
公共職業安定所長

①事業主　住所又は所在地／氏名又は名称

②事業　所在地：〒160-0000 東京都新宿区西新宿2-33-44 あかねビル4階　電話番号 03-3333-3333
名称：株式会社リザルト

③事業の概要：コンピュータ部品の販売

④事業の種類：その他の各種事業

⑤加入済の労働保険：（イ）労災保険（ロ）雇用保険

⑥保険関係成立年月日：（労災）○年10月1日　（雇用）○年10月1日

⑦雇用保険被保険者数：一般・短期 2人　日雇 人

⑧賃金総額の見込額：千円

⑨委託事務組合：所在地／名称／代表者氏名

⑩委託事務内容

⑪事業開始年月日　年 月 日

⑫事業廃止等年月日　年 月 日

⑬建設の事業の請負金額　円

⑭立木の伐採の事業の素材見込生産量　立方メートル

⑮発注者：住所又は所在地／氏名又は名称

※労働保険番号	
事業所 住所（カナ）郵便番号	160-0000
住所 市・区・郡名	シンジユク
住所（つづき）町村名	ニシシンジユク
住所（つづき）丁目・番地	2-33-44
住所（つづき）ビル・マンション名等	アカネビル　ヨンカイ
住所（漢字）市・区・郡名	新宿区
住所（つづき）町村名	西新宿
住所（つづき）丁目・番地	2-33-44
住所（つづき）ビル・マンション名等	あかねビル　4階
名称・氏名（カナ）	カブシキカイシヤ
名称・氏名（つづき）	リザルト
名称・氏名（つづき）	サカモト　ヒサシ
電話番号	03-3333-3333
名称・氏名（漢字）	株式会社
名称・氏名（つづき）	リザルト
名称・氏名（つづき）	坂本　久志

※保険関係成立年月日（31600又は31601のとき）／※任意加入認可年月日（31602のとき）（元号：平成は7）	9-00-10-01
※事務処理委託年月日（31600又は31602のとき）／事業終了予定年月日（31601のとき）（元号：令和は9）	
※常時使用労働者数	2
※保険関係等区分（31600又は31602のとき）	
※雇用保険被保険者数（31600又は31602のとき）	2
※免除対象高年齢労働者数（31600又は31602のとき）	
※片保険理由コード（31600のとき）	
※加入済労働保険番号（31600又は31602のとき）	
※適用済労働保険番号1	
※適用済労働保険番号2	
※雇用保険の事業所番号（31600又は31602のとき）	
※府県区分／※特掲コード／※管轄（2）／※業種／※産業分類／※データ指示コード／※再入力区分	
※修正項目（英数・カナ）	
※修正項目（漢字）	
※受付年月日（元号：平成は7）	
※法人番号	1234567890123

事業主氏名（法人のときはその名称及び代表者の氏名）記名押印又は署名
株式会社 リザルト
代表取締役 坂本久志 ㊞

「適用事業報告」記入例

様式第23号の2（第57条関係）

適 用 事 業 報 告

事業の種類	事業の名称	事業の所在地（電話番号）
コンピュータ部品販売	株式会社 リザルト	東京都新宿区西新宿2-33-44 あかねビル4階 電話 03（3333）3333 番

労働者数	種別	満18歳以上		満15歳以上満18歳未満		満15歳未満		計	
通勤	男	1	（　）		（　）		（　）	1	（　）
通勤	女	1	（　）		（　）		（　）	1	（　）
通勤	計	2	（　）		（　）		（　）	2	（　）
寄宿	男		（　）		（　）		（　）		（　）
寄宿	女		（　）		（　）		（　）		（　）
寄宿	計		（　）		（　）		（　）		（　）
総計		2	（　）		（　）		（　）	2	（　）

備考	
	適用年月日 令和 ○ 年 10月 1 日

令和 ○ 年 10月 5 日

使用者 職名 株式会社 リザルト

氏名 代表取締役 坂本久志 ㊞

新宿 労働基準監督署長 殿

記載心得

1 坑内労働者を使用する場合は、労働者数の欄にその数を括弧して内書すること。

2 備考の欄には適用年月日を記入すること。

「雇用保険適用事業所設置届」記入例（裏面省略）

雇用保険適用事業所設置届

（必ず第２面の注意事項を読んでから記載してください。）

※ 事業所番号

帳票種別 12001

1. 法人番号（個人事業の場合は記入不要です。） 1234567890123

下記のとおり届けます。
公共職業安定所長 殿
令和○年10月5日

2. 事業所の名称（カタカナ） カブシキカイシヤ
事業所の名称〔続き（カタカナ）〕 リザルト

3. 事業所の名称（漢字） 株式会社
事業所の名称〔続き（漢字）〕 リザルト

4. 郵便番号 160-0000

5. 事業所の所在地（漢字）※市・区・郡及び町村名 新宿区西新宿
事業所の所在地（漢字）※丁目・番地 2-33-44
事業所の所在地（漢字）※ビル、マンション名等 あかねビル 4階

6. 事業所の電話番号（項目ごとにそれぞれ左詰めで記入してください。） 03-3333-3333
市外局番 市内局番 番号

7. 設置年月日 4-001001（3 昭和 4 平成）
元号 年 月 日

8. 労働保険番号
府県 所掌 管轄 基幹番号 枝番号

※公共職業安定所記載欄
9. 設置区分（1 当然 2 任意）
10. 事業所区分（1 個別 2 委託）
11. 産業分類
12. 台帳保存区分（1 日雇被保険者のみの事業所 2 船舶所有者）

13. 事業主	住所（フリガナ）（法人のときは主たる事務所の所在地）	トウキョウトシンジュククニシシンジュク 2-33-44 東京都新宿区西新宿 2-33-44 あかねビル4階
	名称（フリガナ）	カブシキガイシャ リザルト 株式会社 リザルト
	氏名（フリガナ）（法人のときは代表者の氏名）	サカモト ヒサシ 坂本 久志　記名押印又は署名 印
14. 事業の概要（漁業の場合は漁船の総トン数を記入すること）		コンピュータ部品の販売
15. 事業の開始年月日		平成○年10月1日
※16. 事業の廃止年月日		平成 年 月 日

17. 常時使用労働者数		2人
18. 雇用保険被保険者数	一般	2人
	日雇	人
19. 賃金支払関係	賃金締切日	20日
	賃金支払日	(当)・翌月25日
20. 雇用保険担当課名		課 係
21. 社会保険加入状況		(健康保険) (厚生年金保険) (労災保険)

備考

※ 所長	次長	課長	係長	係	操作者

（この届出は、事業所を設置した日の翌日から起算して10日以内に提出してください。）

2021. 9

（この用紙は、このまま機械で処理しますので、汚さないようにしてください。）

「雇用保険被保険者資格取得届」記入例

様式第2号

雇用保険被保険者資格取得届

標準字体 0 1 2 3 4 5 6 7 8 9

（必ず第２面の注意事項を読んでから記載してください。）

帳票種別 1 4 1 0 1

1. 個人番号 1 2 3 4 5 6 7 8 9 0 1 2

2. 被保険者番号 1 2 3 4 − 5 6 7 8 9 0 − 1

3. 取得区分 2（1 新規 2 再取得）

4. 被保険者氏名 黒木 美雄　フリガナ（カタカナ） クロキ ヨシオ

5. 変更後の氏名　フリガナ（カタカナ）

6. 性別 1（1 男 2 女）

7. 生年月日 3 − 0 0 0 9 0 6（2 大正 3 昭和 4 平成）元号 年 月 日

8. 事業所番号 □□□□ − □□□□□□ − □

9. 被保険者となったことの原因 2
（1 新規（新規 学卒）雇用 2 新規（その他）雇用 3 日雇からの切替 4 その他 8 出向元への復帰等（65歳以上））

10. 賃金（支払の態様－賃金月額：単位千円） 1 − 2 1 0（1 月給 2 週給 3 日給 4 時間給 5 その他）百万 十万 万 千円

11. 資格取得年月日 5 − 0 0 1 0 0 1　元号 年 月 日

12. 雇用形態 7（1 日雇 2 派遣 3 パートタイム 4 有期契約労働者 5 季節的雇用 6 船員 7 その他）

13. 職種 0 4（01～11）第２面参照

14. 就職経路 1（1 安定所紹介 2 自己就職 3 民間紹介 4 把握していない）

15. １週間の所定労働時間 4 0 0 0　時間 分

16. 契約期間の定め 2（1 有　契約期間　平成　年 月 日 から 平成　年 月 日 まで　契約更新条項の有無（1 有 2 無）　2 無）

平成28年1月以後に
使用する様式です。

事業所名〔　　　〕　備考〔　　　〕

17欄から22欄までは、被保険者が外国人の場合のみ記入してください。

17. 被保険者氏名（ローマ字）（アルファベット大文字で記入してください。）

被保険者氏名〔続き（ローマ字）〕

18. 国籍・地域（　　　）

19. 在留資格（　　　）

20. 在留期間　西暦 年 月 日 まで

21. 資格外活動許可の有無（1 有 2 無）

22. 派遣・請負就労区分（1 派遣・請負労働者として主として当該事業所以外で就労する場合 2 1に該当しない場合）

※公共職業安定所記載欄

23. 取得時被保険者種類（1 一般 2 短期常態 3 季節 4 高年齢（任意加入） 5 出向元への復帰（65歳以上）等・高年齢）

24. 番号複数取得チェック不要（チェック・リストが出力されたが、調査の結果、同一人でなかった場合に「1」を記入。）

25. 国籍・地域コード（18欄に対応するコードを記入）

26. 在留資格コード（19欄に対応するコードを記入）

雇用保険法施行規則第6条第1項の規定により上記のとおり届けます。

令和 ○ 年 10 月 5 日

事業主
住所 東京都新宿区西新宿 2−33−44 あかねビル 4階
氏名 株式会社エリザルト 代表取締役 坂本 久志
記名押印又は署名 印
電話番号 03−3333−3333

公共職業安定所長 殿

社会保険労務士記載欄	作成年月日・提出代行者・事務代理者の表示	氏名	電話番号
		印	

※所長	次長	課長	係長	係	操作者

※備考

確認通知 平成 年 月 日

9999. Z9

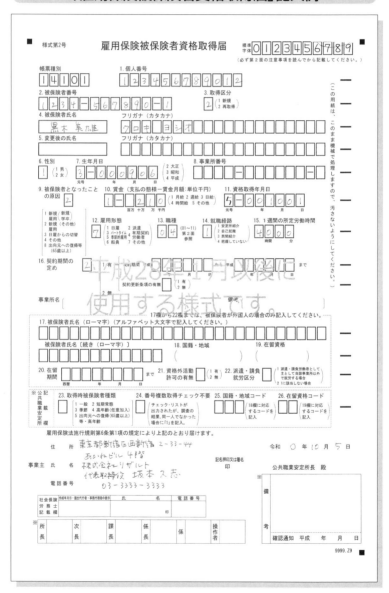

第4章

さあ、業務開始です
手間をかけずに
帳簿づけをしましょう

ビジネスがスタートすればお金も発生します。当然、お金にルーズではいけません。ですから帳簿をつけることは非常に大切な仕事です。青色申告のためにも必要です。ですが、なるべくこうした仕事に時間をとられたくないのも本音でしょう。正確に記帳ができ、なおかつ煩雑にならない帳簿のつけ方を学びましょう。

1 経理の基本を確認しておきましょう

とにかく「整理整頓」が原則です

事業が始まれば、経理の仕事がスタートします。

大きな会社でも小さな会社でも、会社を経営していく上で経理を欠かすことはできません。

経理の基本は「整理整頓」です。その場しのぎでお金や書類の管理を行ったり、帳簿の作成を怠けていたりすると、そのしわ寄せが、煩雑な仕事となって年度末にやってきます。

ですから、普段から、お金の管理、書類の整理、日々の記帳をしっかり行う必要があります。

そうすれば、経理の仕事を効率よく進められるし、お金の流れもクリアに把握できます。

そのような会社は、おのずと事業自体もスムーズにいくでしょうし、対外的にもよい印象を与え、会社の成長の手助けになるはずです。

この仕事はとかく煩雑になりがちです。これから紹介する合理的な方法によって、正確で効率のよい経理を実現しましょう。

■毎日の取引を几帳面に帳簿に記します

では、経理とは、具体的にはどのような仕事を言うのでしょうか。会社の業種によって異なりますが、主に次のような内容を指します。

一見難しそうに見えますが、基本は、毎日の取引を帳簿に記帳していくことだけです。あなたの几帳面な性格をちょっとだけ発揮すれば、意外と簡単にできるものばかりです。

①現金や預金の管理
②仕入先に対する仕入代金や経費の支払
③取引書類の作成
④各種帳簿の記帳
⑤給与計算や振込
⑥試算表の作成
⑦決算書の作成
⑧財務分析

これらの仕事は、販売や製造と違って直接利益に結びつかないイメージを持ちがちです。

ですが、経理をおろそかにしていては会社の正確な利益を把握できず、お金の管理がずさんになるばかりか、会社の将来の予測や目標等を立てることも困難となります。

事業の行方を左右する極めて大切な仕事です。心して取り組みましょう。

■会計ソフトや税理士等の「パートナー」をつくります

かつて経理の仕事はすべて手作業で行われてきました。そのため、取引先との連絡や銀行での振込、在庫管理、伝票の作成や帳簿書類への記帳等に、多くの時間と手間を必要としていました。

今は情報通信やコンピュータの発達により、インターネットやFAXを使った書類のやりとり、インターネットでの振込、表計算ソフトを使った在庫管理、会計ソフトを利用した伝票や帳簿の作成と、大幅にその時間と手間を省くことが可能となっています。

また、税理士や公認会計士等の税務や会計の専門家と連携すれば、経理の知識が乏しくても、日常の経理処理や決算書を作成する際、適切なアドバイスが受けられます。

まずは、市販の会計ソフト（3万円前後が相場です）を用意しましょう。そして、資金的に余裕があれば専門家のバックアップも受けてください。

これらのパートナーを得ることで、次項からの実務をスムーズに行うことができるでしょう。

2 事業のための取引書類を用意します

見積書、納品書、請求書、領収書の書式をつくります

会社を経営するということは、多くの会社や個人事業者と取引を行うということです。利益を得るには、当然、売上がなければなりません。売上を上げるためには商品の仕入等を行わなければなりません。その他にも、会社を経営していくためのさまざまな経費が発生します。こういった外部の会社や個人事業者に対する取引の証拠として、また、会社の帳簿書類の根拠として、**取引書類**を用意する必要があります。

取引書類には次のようなものがあります。

①見積書

見積書とは、得意先から商品を購入したいという申し出があったときや、新規に取引を開始

しようとする相手がいるときに、その得意先や相手先に発行するものです。こちらの商品はこの金額で取引させていただきます、ということを相手に提案するのが目的です。

②納品書

納品書とは、引き渡した商品の明細を記入し、得意先へ渡す伝票です。

掛け（後日、代金の決済をすることで売買すること）による商品の売上の場合には、売上代金はその場で回収しないため、商品を渡した証拠として商品の数量と金額等を記載し、1部を得意先に渡し、1部を自社用に保管しておきます。

請求書を兼ねたものもあり、複写式になっているのが一般的です。

③請求書

請求書とは、掛けによる商品の売上代金を一定の期日で締め、得意先の決められた支払日までに請求する書類です。請求金額は売上高そのものです。

次ページの請求書を見てください。

得意先である(株)ウエイブに対する11月20日までの納品分をまとめて、月末に請求している例です。

❶の欄に得意先名を記入します。

❷の欄には、納品した日付、商品名、単価と数量、金額を記入します。

「見積書」「請求書」記載例

見　積　書

株式会社 ウエイブ　御中

NO.025

令和○年10月17日
株式会社　リザルト
坂本　久志　㊞
160–0000
新宿区西新宿2–33–44
あかねビル4階

商品名	単価	数量	金額
IC基盤　#01234	1,500	24	36,000
IC基盤　#01235	3,200	36	115,200
IC基盤　#01237	6,200	12	74,400
小　計			225,600
上記に対する消費税			18,048
見積金額			243,648

請　求　書

❶
株式会社 ウエイブ　御中

NO.022

令和○年11月30日
株式会社　リザルト
坂本　久志　㊞
160–0000
新宿区西新宿2–33–44
あかねビル4階

❷

日付	商品名	単価	数量	金額
11月 8日	IC基盤　#01234	1,500	24	36,000
11月12日	IC基盤　#01237	6,200	12	74,400
11月20日	IC基盤　#01235	3,200	36	115,200
小　計				225,600
上記に対する消費税				18,048
請求金額				243,648

「領収書」記載例

領　収　書

❶
株式会社 ウエイブ　御中　　　　NO.051

令和○年11月30日

❷
¥243,648　　－

❸
但し、11月分　納品代金として

収入印紙 200円　（久志 坂本）

株式会社　リザルト
坂本　久志　㊞
160–0000
新宿区西新宿2–33–44
あかねビル4階

④領収書

領収書とは、得意先から請求書に基づいて売上代金を受け取った場合に、確かに受け取りました、という証明として発行する書類です。上図の領収書は、11月分の請求書により(株)ウエイブから入金があった場合の例です。

❶の欄に得意先名、❷の欄に受領した金額、❸の欄には、取引月日及び内容を記載します。

■受け取った経費の請求書、領収書は必ず綴ります

仕入先から送られてくる請求書は、仕入先ごと、かつ、月ごとに綴ります。

受け取った領収書も仕入先ごと、かつ、月ごとに綴ります。

このとき、仕入代金（買掛金）の支払によ

る領収書と、仕入以外の経費の支払による領収書は、分けて綴ってください。

綴り方についてですが、仕入以外の経費の領収書は大きさや形がばらばらなので、次ページのように、ノートやスクラップブック等にはりつけて保管します。

また、領収書がないような支払、例えば電車代等は、出金伝票に記入して、これも領収書綴りにはっておくようにしてください。

106ページでインボイス制度について触れましたが、もしあなたがインボイスの発行事業者に登録しているなら、請求書等の書類は次の項目をすべて記載しなければなりません。

①発行する者の氏名または名称と登録番号
②課税資産の譲渡等を行った年月日
③課税資産の譲渡等に係る資産または役務の提供(軽減税率対象資産がある場合はその旨も)
④課税資産の譲渡等の税抜または税込価額の税率ごとに区分して合計した金額及び適用税率
⑤税率ごとに区分した消費税額
⑥書類の交付を受ける者の氏名または名称

図の例は請求書ですが見積書や領収書でも同様です。

もし請求書や領収書などの書類を専用のソフトで作成するときは最新のインボイス制度に対応しているかどうか確認しておくとよいでしょう。

取引書類の保存期間は10年です

取引書類の保存期間ですが、原則10年間は保管しておいてください。

税法上、青色申告者の帳簿書類の保存期間は7年とされていますが、会社法上は、「会計帳簿の閉鎖の時から10年間その会計帳簿及びその事業に関する重要な資料を保存しなければならない」と定められているためです。

税務調査に備える意味でも帳簿と関係書類は整理保存しておく必要があります。

なお、取引書類は紙ではなくデータによる保存も可能です。

しかし、データによる保存は電帳法（正式名称は「電子計算機を使用して作成する国税関係帳簿書類の保存方法等の特例に関する法律」）で細かく取り決められており、その内容も税制改正によってたびたび変更されています。データでの保存は、保管場所の確保が不要であったり手作業で書類を仕分けたりする作業を省略できるので便利な方法ではありますが、きちんと

インボスの作成例

請求書

⑥株式会社　ウエイブ　御中

令和○年○月○日 ②
株式会社リザルト ①
T○○○○○○○○○○○○○

請求金額　957,000円

③ 明細	単価	数量	金額
IC基盤　＃01234	1,500円	100	150,000円
IC基盤　＃01235	4,800円	150	720,000円
④10%対象：合計			870,000円
⑤10%対象：消費税			87,000円

法律に則って保存しないと、適切に保存しているとみなされず、税務上の不利を被ることもあるので要注意です。書類をデータ化して保存しようとするときは、必ず保存方法が法律に照らし合わせて適切かどうか、調査・確認するようにしてください。

また、請求書や領収書を紙ではなくデータ上で取引先とやり取りした場合は、原則では必ず電帳法の要求する保存方法で保存することとされていますが、電帳法の要求水準を満たせないことについて「相当の理由」があるときは「データがいつでもダウンロード・プリントアウトできる」状態であればよいとする猶予規定があります。

この猶予措置により保存しようとするときは、自分の会社が「相当の理由」に該当するか国税庁に確認しておくとよいでしょう。

■会社印、ゴム印を作成しておきます

領収書や請求書の見本を見てわかるように、こうした書類にはすべて会社の商号や、事業所所在地、電話番号等を記載しなければなりません。毎日、同じことを何度も書くのはとても面倒なものです。

そこで、会社の実印（丸印）のほか、会社印（角印）や社名・住所・電話番号等のゴム印を作成しましょう。自分が頻繁に使う書類に合うように作成しておけば、記入の手間を省くことができます。

領収書綴りの例

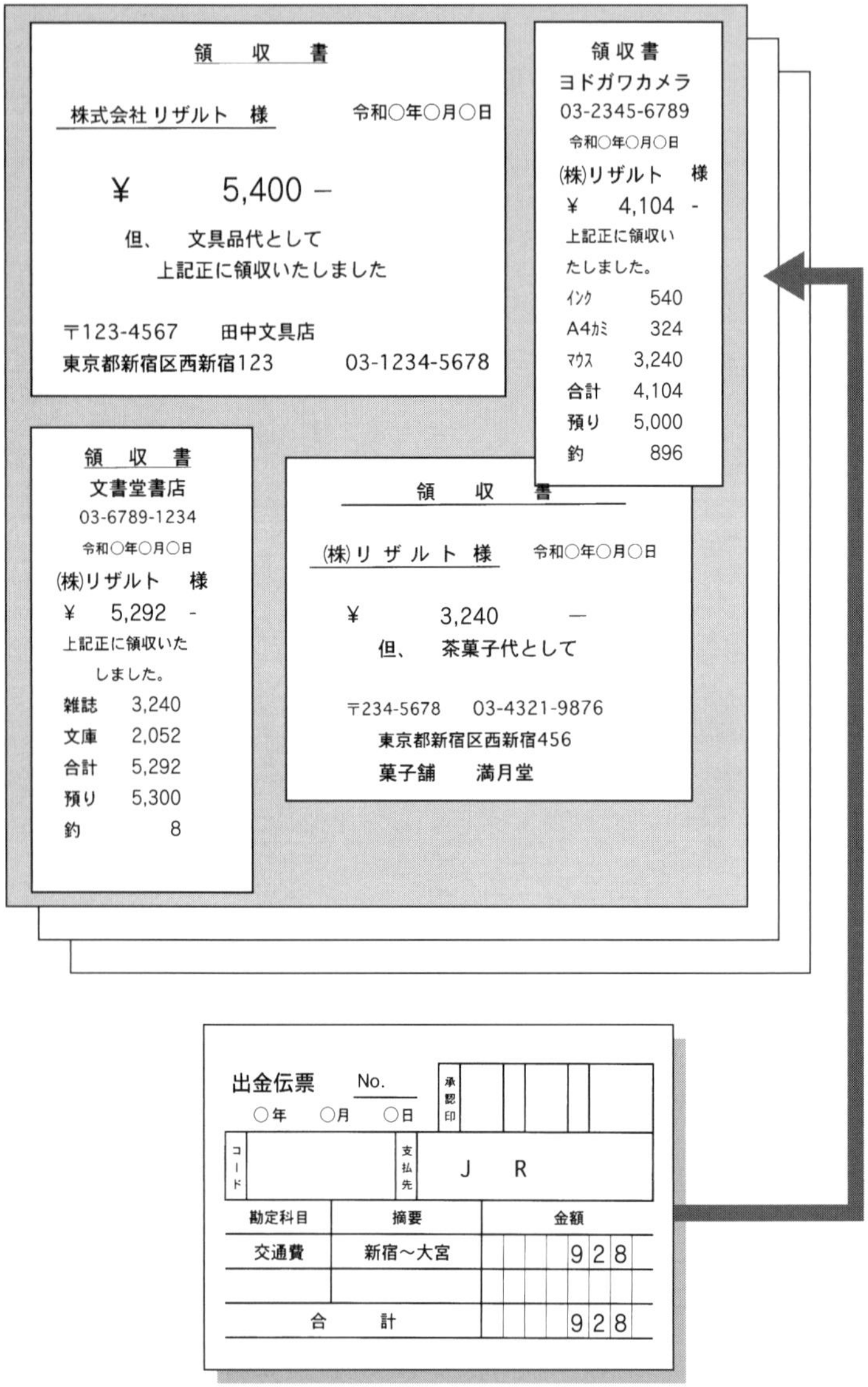

領　収　書
株式会社 リザルト　様
令和○年○月○日
¥　5,400 –
但、　文具品代として
上記正に領収いたしました
〒123-4567　田中文具店
東京都新宿区西新宿123　03-1234-5678
領 収 書
ヨドガワカメラ
03-2345-6789
令和○年○月○日
(株)リザルト　様
¥　4,104 -
上記正に領収いたしました。
ｲﾝｸ　540
A4ｶﾐ　324
ﾏｳｽ　3,240
合計　4,104
預り　5,000
釣　896
領　収　書
文書堂書店
03-6789-1234
令和○年○月○日
(株)リザルト　様
¥　5,292 -
上記正に領収いたしました。
雑誌　3,240
文庫　2,052
合計　5,292
預り　5,300
釣　8
領　収　書
(株)リ ザ ル ト 様
令和○年○月○日
¥　3,240　—
但、　茶菓子代として
〒234-5678　03-4321-9876
東京都新宿区西新宿456
菓子舗　満月堂
出金伝票　No.
○年　○月　○日
承認印
コード
支払先　J R
勘定科目　摘要　金額
交通費　新宿〜大宮　928
合　計　928

FAX送信表等も作成しておくと効率的に作業ができます

ＦＡＸや郵便等で、取引先に取引書類を送るような場合には、送信表や送付状を表紙として送ります。このＦＡＸ送信表や書類送付状等も、パソコンで専用のフォームを作成しておくと便利です。

一見、小さなことのようですが、こうしたことから経理の効率化が始まります。

3 経理に必要な7つの帳簿

商売ですから帳簿づけは正確さを心がけましょう

会社を経営していく上で、「いくら儲かっているのか」「資産や負債がどれくらいあるのか」ということは常に把握しておく必要があります。

「売上がいい」とか「お金に余裕がある」という社長の感覚だけで会社の状態を判断してしまっては、思わぬ落とし穴にはまりかねません。

売上が伸びていても、それ以上に仕入や経費がかさんでいるような場合もあります。

お金に余裕があっても、来月には多額の支払が控えているかもしれません。

逆に、お金がなくても、実は儲かっていて多額の税金が発生するかもしれません。

また、会社の経営成績や財政状態は、株主や、銀行等の債権者に開示する義務もあります。

このような理由から、会社は帳簿を備えつけ、取引ごとに整理・集計する必要があるのです。

必要な帳簿は次の7つです。

①現金出納帳
②普通預金出納帳
③売掛帳
④買掛帳
⑤賃金台帳
⑥固定資産台帳
⑦総勘定元帳

それぞれの詳しい説明については、次項から行うことにして、ここではそれぞれがどのような帳簿なのかをざっと把握しておきましょう。

①現金出納帳

現金出納帳とは、お金、とりわけ現金の流れをまとめるものです。

「いつ」「誰に（誰から）」「いくら」「何のために」支払ったか、あるいは入金されたか、残高はいくらあるか、を記入します。

②普通預金出納帳

普通預金出納帳とは、普通預金による取引のお金の流れを記入する帳簿ですが、小会社の場合は銀行の普通預金通帳で代替します。

③売掛帳

商品を掛けで販売した場合や、その代金の入金があった場合に記入します。掛けでの売上額や売掛金の残高を管理する帳簿です。請求漏れや過大請求、二重請求をさける上でも重要です。

④買掛帳

商品を掛けで仕入れた場合や、その代金を支払った場合に記入します。掛けでの仕入額や買掛金の残高を管理する帳簿です。同じく請求漏れや過大請求、二重請求をさける上でも重要です。

⑤賃金台帳

従業員の給料の計算をする帳簿です。

⑥固定資産台帳

資産ごとに減価償却費の計算をする帳簿です。固定資産の使用年数の判断や設備投資計画にも使います。

⑦総勘定元帳

補助簿は総勘定元帳の明細

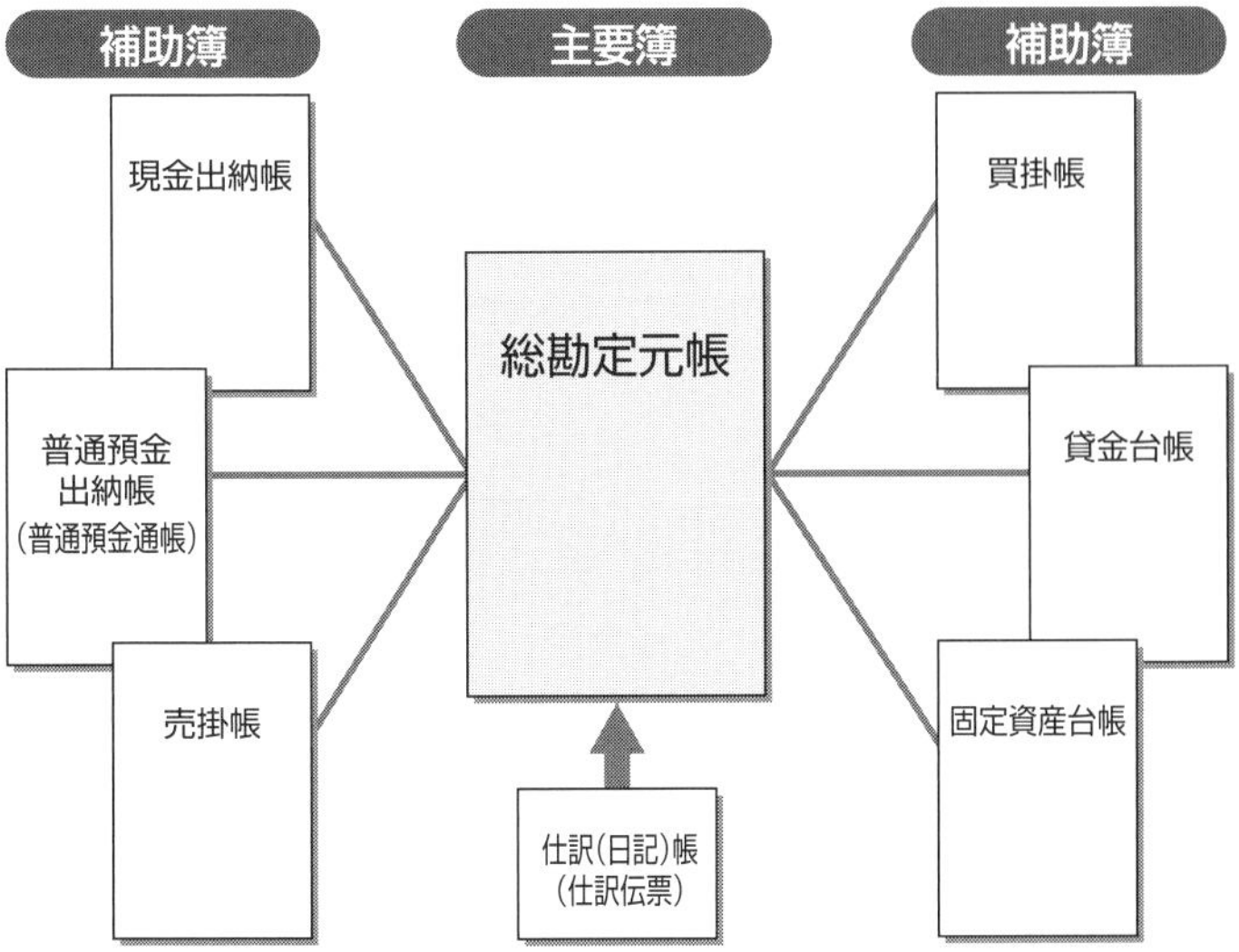

発生したすべての取引をその勘定科目（入出金等を分類するための科目、164ページ参照）ごとに集計した帳簿です。

総勘定元帳は主要簿と、①～⑥の帳簿は補助簿と呼ばれ、総勘定元帳のうち主要な勘定についての明細として位置づけられています。

なお仕訳（日記）帳（仕訳伝票）については、172ページで紹介します。

以上の帳簿は、市販のものを購入し、手書きで記帳しても構いませんが、表計算ソフトや会計ソフト等を利用することによって、記帳事務や計算を効率的に行うことが可能になります。

それぞれの帳簿の詳細を見ていきましょう。

4 実は預金通帳と現金出納帳があれば帳簿はほぼ完成です

会社の事業活動は、お金の流れとして把握できるものがほとんどです。商品の売上、商品の仕入、給料の支払、経費の支払すべてお金で支払います。つまり、お金の流れをしっかり把握することが帳簿作成の基本です。

創業当初は無理をせず、お金の流れを**普通預金通帳**と**現金出納帳**で把握しましょう。

■売上、経費、仕入のすべてが預金通帳で把握できます

商品が売れれば、得意先から売上金が入金されます。売り上げた時点では売掛金ですが、期日が来れば銀行口座に振込まれます。

仮に現金で売り上げることがあってもその売り上げた現金もすべて（1円単位まで）普通預金に入金してください。

商品を仕入れれば、仕入先に仕入代金を支払います。これを、銀行振込の支払にすれば期日

に普通預金から支払う形になります。

経費の支払や、固定資産の購入等金額が大きい場合や給料の支払も普通預金から行います。

小さな経費も自動引き落とし（電気代や電話代等）の制度があれば極力自動引き落としにします。これは、事務効率化の観点からも有効な方法です。

残りの最小限の現金取引を記録するのが現金出納帳です

入出金のほとんどを普通預金で行うようになるわけですから、事務所には最小限の現金しかおかないようになります。

現金出納帳は、交通費支払や消耗品支払等、少額の現金取引が発生したときに記入する帳簿です。

これによって、すべてのお金の取引が普通預金通帳と現金出納帳に記録として残ることになるわけです。実は会計帳簿というのはこれでほぼ90％以上完成なのです。

それぞれの役割と記入法を細かく見ていくことにしましょう。

5

現金出納帳の役割と記入方法をつかみましょう

現金の流れを把握するのが現金出納帳です

はじめに現金出納帳から説明します。

現金出納帳の役割は、日々の入出金を記帳し、月単位で現金の流れを検証することです。「いつ」「誰に（誰から）」「いくら」「何のために」支払ったのか、あるいは入金されたのか、「今、いくらのお金が残っているのか」を記入します。

実際の現金残高と現金出納帳の残高は常に一致していなければなりません。

現金出納帳の記入と、きちんとした現金の管理がなされていれば、経費の記入漏れや計算違い等も発見しやすくなります。

細かい経費を支払うために金庫を準備しましょう

まずは、現金の管理のために金庫を用意しましょう。

現金は必要な分だけ手元にあれば十分です。商品の売上代金の受け取りや仕入代金の支払、給料やまとまった経費の支払は普通預金を通して行うので、金庫もそれほど厳重で高価なものでなくても問題ありません。安い手さげ型のものでいいでしょう。

電車代や切手代等、日々の細かい経費の支払は、この金庫から行うようにします。支払の際に受け取った領収書等は、整理するまで金庫の中に入れておいてください。

金庫のお金が少なくなってきたら、その都度、銀行から必要な分だけ引き出すようにします。売上代金や雑収入等の入金は金庫に入れずに、直接普通預金に入金するようにしてください。「金庫の入金は普通預金から、金庫からの支払は普通預金の支払が困難なものだけ」というルールを守りましょう。

この金庫の現金の動きが、現金出納帳に記帳する内容になります。

現金出納帳に記入してみましょう

金庫の現金の流れを記入するのが、現金出納帳です。

金庫から経費の支払として500円を使ったら、現金出納帳にも500円の支払と記入します。500円を支払ったあと、金庫の中に現金が6000円残っていたら、現金出納帳の残高欄も6000円でなければなりません。一致していなければ、計算ミスや経費の記帳漏れ等の原因が考えられます。

次ページの記入例を見てください。年月日の欄には支払った日付を、摘要欄には、勘定科目、相手先と内容を記入します。勘定科目とは、入出金等を分類するための記号です。詳細については162ページを参照して確認してください。

入金の場合には収入金額欄に、支払の場合には支払金額の欄に金額を記入します。残高欄には入金または支払後の残高を記入します。

以下の手順に従えば、現金出納帳が正しくつけられます。

①現金は金庫から支出する
②領収証は、整理するまでは金庫の中に入れておく
③金庫から支払ったら、現金出納帳に記入する
④日々、金庫の中にある現金残高と現金出納帳の残高を一致させる、一致したら残高欄の右端に押印しておく
⑤一定の期間ごとに領収書等の証憑《しょうひょう》類を整理する

「現金出納帳」記載例

No.

年 月	日	摘要		収入金額	支払金額	差引残高
11	1	前月繰越				2,300
	1	普通預金	りそま銀行から引出	50,000		52,300
	2	消耗品費	anpm ごみ袋		216	52,084
	3	通信費	春日郵便局　切手		1,700	50,384
	5	接待交際費	レストラン星　飲食代		9,720	40,664
	5	旅費交通費	JR電車代(株)ウエイブへ		320	40,344
	8	消耗品費	山田文具　ボールペン等		540	39,804
	10	燃料費	シャル石油　ガソリン代		6,480	33,324
	10	預り金	源泉所得税支払い		26,710	6,614
	13	新聞図書費	文学堂　参考書籍代		3,564	3,050
	15	雑費	鈴木薬局　洗剤等		1,080	1,970
	16	普通預金	りそま銀行から引出	50,000		51,970
	17	旅費交通費	JR電車代(株)MECへ		780	51,190
	17	接待交際費	亀田菓子店(株)MECへ手土産		3,240	47,950
			～中略～			
	30	消耗品費	ヨドガワカメラ　電卓		2,160	7,840
			11月合計	××××	××××	
			前月繰越	2,300		
	30	次月繰越			7,840	
				××××	××××	

「金種表」記載例

金　種　表　　平成○年11月30日

金　種	数　量	金　額
10,000	0	0
5,000	1	5,000
2,000	0	0
1,000	1	1,000
500	3	1,500
100	3	300
50	0	0
10	3	30
5	2	10
1	0	0
合　計		7,840

■金種表を作成し、入出金のチェックをします

金庫の中の現金残高を確認するためには、金種表をつくって確認するのが一番です。毎日、少なくても毎週末には確認しましょう。現金出納帳の残高と手元の現金が合わない場合には、記入漏れや計算ミスがないかを確認します。万が一、原因を発見できないときはその差額を現金過不足として記入し、実際の現金残高に修正します。過不足があまり多いようでは入出金のやり方に問題があることになります。現金の扱いには十分な注意が必要です。

金種表の作成は盗難の抑止にもなります。必ずつくっておくようにしましょう。

6 普通預金通帳は記帳のいらないカンタン帳簿です

預金口座は1つが基本です

会社設立後、資本金の払込を行うに当たり普通預金口座を開きました。

普通預金はいつでも自由に入出金が認められる預金です。一般的には普通預金口座が1つあれば入金や支払には不自由しないので、この普通預金口座を使いましょう。

預金には普通預金のほかにも次のようなものがあります。必要に応じて開設するのもよいでしょう。

①**当座預金**＝小切手や手形の決済に利用できる預金で、利子はつきません。現金の代わりに小切手や手形で支払をすることが可能となります。ちなみにペイオフで保証される決済性預金とはこの預金を言います。

②**定期積立預金**＝毎月一定額を預け入れる預金です。期間が長いほど金利が高くなります。従

業員の賞与や納税資金等、将来のまとまった支出に備えるために利用することができます。

③定期預金＝普通預金等に比べ、高い金利が約束された預金です。解約をする場合を除き、預入時に定めた期日まで引き出すことができません。資金的な余裕ができた場合に利用するといいでしょう。

④納税準備預金＝税金の納付に備えるために預け入れる預金で、納税以外には引き出しをすることができません。

■支払は原則、預金口座から行いましょう

普通預金には、お金の流れが自動的に記帳される利点があります。この特長を最大限に利用して、帳簿づけを行いましょう。

具体的なポイントを紹介します。

●掛売上の入金については、すべて預金口座に振込にしてもらいます。通常は振込の相手が通帳に記帳されているので、誰からの入金であるかがすぐわかります。

●現金売上がある場合にも、毎日の現金売上の全額をそのまま通帳に入金して、通帳の摘要欄に直接手書きで「〇月〇日分現金売上」と記入しておきます。

●水道料金、電気代、ガス代、電話代、リース料、固定資産税、保険料等口座からの自動引き落としができるものについては自動引き落としにします。自動引き落としが実行されると通帳にはその内容が記帳されます。

●仕入代金の支払や従業員の給料・家賃等同じ日に複数件の支払がある場合には総合振込を利用するといいでしょう。

銀行所定の依頼書に振込先の名称、口座番号、金額等を記載し、振込指定日の数日前までに手続を済ませておけば、その振込指定日に自動的に引き落とされます。インターネットを利用すると指定日の前日等でも総合振込の手続ができる場合もあります。通帳に一括で金額が記載されてしまうような場合には振込依頼書を保管しておきます。

●銀行振込ができない電車代等小口の経費の支払については、預金から引き出したお金を金庫に入金して、そこから支払うようにします（➡144ページ）。通帳の摘要欄には「小口現金へ」と記入しておきます。

現金出納帳は自分で記入するという作業が必要ですが、現金でのやりとりをなるべく少なくして、普通預金で行うようにすれば、銀行で通帳記帳をするだけで簡単に、しかも正確な帳簿を作成することができます。

7 正確な売上を把握するために売掛帳をつくります

■即金ではない売上の管理を行うのが売掛帳です

売掛帳とは、得意先（売上先）ごとに、掛けによる売上金額と、入金した金額、売掛金残高を記入する帳簿で、得意先元帳とも呼ばれます。

記帳の目的は、掛売上によって生じた売掛金の適正な管理を行うことです。これによって過大請求や、入金の漏れを防ぐことができます。

得意先ごとに残高を把握するために、得意先ごとにページを変えて作成します。ページ上段に、得意先名、住所、電話番号等を記載します。

記載する事項は以下の通りです。

①**日付**＝実際の売上日または資金回収の日
②**品名**＝商品名や商品の型番等

「売掛帳」記載例

東京都中央区○○-○-○
03(○○○○)○○○○

株式会社　ウエイブ　殿

月	年 日	品　名	数量	単　価	売上金額	受入金額	借貸	差引残高
		前月繰越						224,208
11	8	#01234	24	1,620	38,880		借	263,088
	12	#01237	12	6,696	80,352		借	343,440
	20	#01235	36	3,456	124,416		借	467,856
	25	普通預金振込				224,208	借	243,648
	28	#01236	12	5,184	62,208		借	305,856
		11月合計			305,856	224,208		305,856

③**数量**＝売り上げた商品の数量
④**単価**＝売り上げた商品の単価
⑤**売上金額**＝数量×単価で計算した金額
⑥**受入金額**＝売掛金の入金額
⑦**差引残高**＝計算した差引残高

上図の記載例を参考に、売掛帳に記帳しましょう。

8 正確な仕入を把握するために買掛帳をつくります

即金ではない仕入の管理を行うのが買掛帳です

買掛帳とは、仕入先ごとに、掛けによる仕入金額と、支払った金額、買掛金残高を記入する帳簿で、仕入先元帳とも呼ばれます。

記帳の目的は、掛仕入により生じた買掛金の適正な管理を行うことです。これによって過大請求や支払漏れを防ぐことができます。

仕入先ごとに残高を把握するために、仕入先ごとにページを変えて作成します。ページ上段に、仕入先名、住所、電話番号等を記載します。

記載する事項は以下の通りです。

①**日付**＝実際の仕入日または支払った日

②**品名**＝仕入れた商品名や商品の型番等

「買掛帳」記載例

東京都新宿区○○-○-○
03(○○○○)○○○○

株式会社　MEC　殿

年 月	日	品　　名	数量	単　価	仕入金額	支払金額	借貸	差引残高
		前月繰越						259,200
11	5	#01234	60	1,080	64,800		貸	324,000
		#01237	24	4,320	103,680		貸	427,680
	15	#01235	60	2,160	129,600		貸	557,280
	20	普通預金振込				259,200	貸	298,080
	25	#01236	36	3,240	116,640		貸	414,720
		11月合計			414,720	259,200		414,720

③**数量**＝仕入れた商品の数量

④**単価**＝仕入れた商品の単価

⑤**仕入金額**＝数量×単価で計算した金額

⑥**支払金額**＝買掛金の支払額

⑦**差引残高**＝計算した差引残高

上図の記載例を参考に、買掛帳に記帳しましょう。

9 資産の管理は固定資産台帳で行います

■会社の所有資産を把握するのが固定資産台帳です

会社が、建物や車両等高額な固定資産を購入した場合には、電池やペンといった消耗品のように一括して費用処理できずに、減価償却という手続により、その耐用年数にわたって、費用処理を行います。また、会社が所有する土地や建物以外の固定資産については、毎年、市町村（東京23区は都）に対して償却資産税の申告をしなければなりません。

これらの作業を行うためには、会社が所有する資産の内容を整理しておく必要があります。

また、会社の収益獲得に貢献していない不要な資産がある場合には、積極的に処分を行い、事業の効率化を図らなければなりません。そのためにも、所有資産の状況の把握は不可欠です。

これを把握するのが**固定資産台帳**です。**消耗品として費用処理ができない耐用年数2年以上で、購入金額10万円以上の資産**を購入した場合には、その資産の内容を記載します。

減価償却の方法や固定資産台帳の作成方法については、242ページで紹介します。

10 給料の計算をして、賃金台帳を作成しましょう

■給料を計算してみましょう

従業員に給料を支払うときには、給料の総額から所得税や社会保険料を控除する必要があります。控除した金額は従業員からの預り金です。この預り金は所定の期限までに、銀行から国等へ納付しなければなりません。

給料から控除するものは次の通りです。

①健康保険料

健康保険料は、原則として従業員と事業主とが半分ずつ負担することになります。各従業員の標準報酬月額に応じ「健康保険料額表」を使って従業員負担分を計算します。

②厚生年金保険料

厚生年金保険料も、健康保険とほぼ同様の処理を行います。各従業員の標準報酬月額に応じ

「厚生年金保険料額表」に基づいて従業員負担分を計算します。

当初の標準報酬月額は、「被保険者資格取得届」に記載した給料の見込額となりますが、通常、今月分の保険料は来月分の給料から控除しますので、会社の設立月は従業員から保険料を徴収しないこととなります（健康保険・厚生年金への加入方法については111ページを参照）。

③雇用保険料

雇用保険料は、従業員と雇用主がそれぞれ定められた割合の金額を負担します。各従業員の給与の金額に応じ「雇用保険料額表」に基づいて従業員負担分を計算します（雇用保険の加入方法については118ページを参照）。

④所得税

毎年、最初に給与を支払う日の前日までに、従業員に「給与所得者の扶養控除等申告書」を書いてもらいます。これは、従業員の扶養に入っている親族がいるかどうかを確認するための書類で、税務署から所定の用紙をもらうか国税庁のホームページを利用してください。

「扶養親族等」とは、その年の合計所得金額が38万円以下の見込みである、配偶者やその他の親族を指します。

扶養親族の人数と、健康保険料、厚生年金保険料、雇用保険料の額が確定したら、所得税の額を決めることができます。

「給与所得者の扶養控除等申告書」記入例

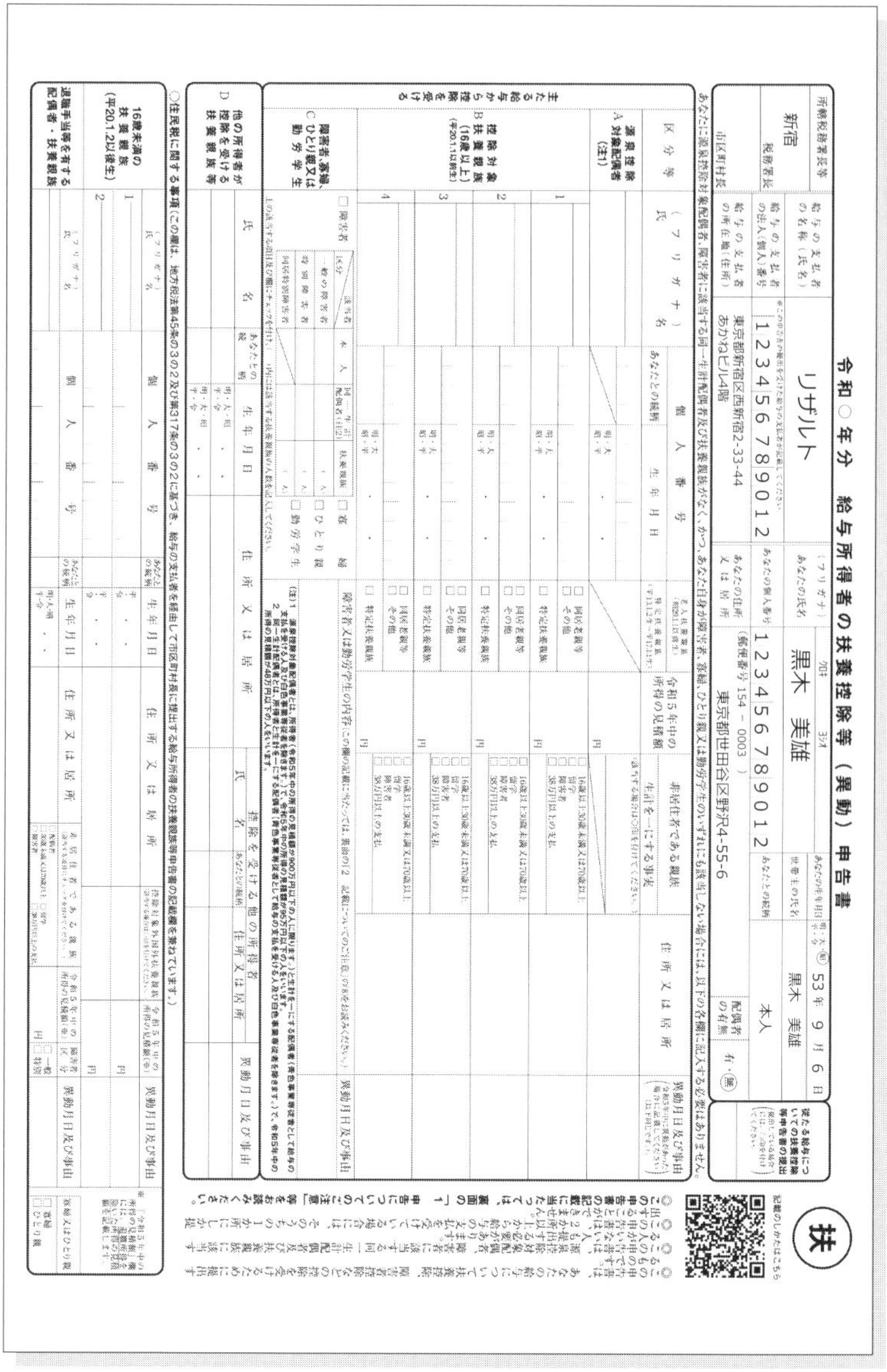
令和○年分 給与所得者の扶養控除等（異動）申告書

所轄税務署長等：新宿 税務署長

給与の支払者の名称（氏名）：リザルト

給与の支払者の法人（個人）番号：1 2 3 4 5 6 7 8 9 0 1 2

給与の支払者の所在地（住所）：東京都新宿区西新宿2-33-44 あかねビル4階

（フリガナ）クロキ ヨシオ

あなたの氏名：黒木 美雄

あなたの個人番号：1 2 3 4 5 6 7 8 9 0 1 2

あなたの住所又は居所：（郵便番号 154 － 0003）東京都世田谷区野沢4-55-6

あなたの生年月日：昭 53年 9月 6日

世帯主の氏名：黒木 美雄

あなたとの続柄：本人

配偶者の有無：有・無（無に○）

所得税は、「給与所得の源泉徴収税額表」を見て確認します。この表は、税務署に「給与支払事務所等の開設届出書」（⬇92ページ）を提出すると送られてきます。

計算方法ですが、まず、給料の支給金額から、前記の①雇用保険料、②厚生年金保険料、③健康保険料を控除して、社会保険料控除後の給料の金額を求めます。

次に、その金額が「給与所得者の源泉徴収税額表」の縦軸にある「その月の社会保険料等控除後の給与等の金額」のどの欄に当てはまるかを探します。次に扶養親族等の数に該当する横軸欄を探し、両方の欄が重なった場所にある数字が、給料の金額から控除すべき所得税の額です。

⑤住民税

住民税は各従業員の前年の所得金額に応じて課税されます。

支払方法には、特別徴収と普通徴収の2通りがあり、会社や従業員の希望により選択することができます。

普通徴収は、従業員自ら年4回に分けて住民税を納める方法です。

一方、特別徴収を選択すると、会社が従業員の給料から住民税を天引きし、従業員に代わって各自治体に納付します。1年間分の納付書が会社に送られてくるので、その金額が毎月の給料の金額から控除される金額です。特別徴収の手続は一度会社が年末調整をし、給与支払報告書を市区町村に送ることで行います。

賃金台帳を作成します

このように、毎月、給料日までに各従業員の給料の金額を計算し**賃金台帳**を作成します（⬇162ページ）。

タイムカード等を使用している場合には、その内容から出勤日数や勤怠の状況により支給金額を計算し、そこから前記①～⑤の金額を控除することで支給金額が決まります。

会社独自に、時間外手当や住宅手当、家族手当、通勤手当等の諸手当を設けている場合には、支給項目に追加してください。なお、通勤手当は原則として所得税が非課税ですので、前記④の源泉所得税の計算上は支給金額から除く処理をします。

同時に、給与明細を作成しましょう

従業員に給料の支払をする際には、給料がいくらあり、そこからどのようなものが差し引かれているかを知らせるため、一人ひとり**「給与明細書」**を作成する必要があります（⬇163ページ）。

内容は、賃金台帳とほぼ同じです。

「賃金台帳」の記載例

株式会社 リザルト

11月分賃金台帳

項目名	101 坂本 久志	201 黒木 美雄	301 田中 洋子	合計
所定就労日	20.00	20.00	20.00	60.00
出勤日数	20.00	20.00	20.00	60.00
遅刻早退回数	0.00	0.00	0.00	0.00
遅刻早退時間	0:00	0:00	0:00	0.00
パート時間	0:00	0:00	120:00	120:00
休日出勤日数	0.00	0.00	0.00	0.00
欠勤日数	0.00	0.00	0.00	0.00
有休日数	0.00	0.00	0.00	0.00
残業時間	0:00	0:00	0:00	0:00
有休残日数	10.00	10.00	0.00	20.00
役員報酬	300,000	0	0	300,000
基本給(月給)	0	210,000	0	210,000
基本給(時給)	0	0	120,000	120,000
遅刻早退控除	0	0	0	0
課税支給合計	300,000	210,000	120,000	630,000
非税支給合計	0	0	0	0
支給合計	300,000	210,000	120,000	630,000
健康保険料	12,300	9,020	4,838	26,158
介護保険料	0	0	0	0
厚生年金保険	21,963	14,642	8,638	45,243
社会保険料調整	0	0	0	0
雇用保険料	0	1,680	960	2,640
所得税	3,840	4,200	1,030	9,070
住民税	0	0	0	0
社会保険料計	34,263	25,342	14,436	74,041
控除合計	38,103	29,542	15,466	83,111
年末調整還付	0	0	0	0
年末調整徴収	0	0	0	0
差引支給合計	261,897	180,458	104,534	546,889
現金支給額	0	0	0	0
振込支給合計	261,897	180,458	104,534	546,889
課税支給累計	600,000	420,000	240,000	1,260,000
社会保険累計	34,263	27,022	15,396	76,681
所得税累計	15,800	16,290	4,880	36,970
扶養人数	2	0	0	
税額表	甲欄	甲欄	甲欄	

「給与明細」記載例

令和○年11月分給与　明細書

株式会社　リザルト

氏名　002　黒木　美雄　様

支給日　令和○年11月25日

勤怠		支給		控除		支給額
指定就労日	20	基本給	210,000	健康保険料	9,020	180,458
出勤日数	20	職務手当		介護保険料		
欠勤日数				厚生年金保険料	14,642	
		非課税通勤費		雇用保険料	1,680	
				所得税	4,200	
				住民税		
有給日数						
有給残日数		支給合計	210,000	控除合計	29,542	

賞与の計算も同様に行います

賞与についても基本的な考え方は給料の処理と同じです。控除を行い、賃金台帳に記入し、明細を作成します。

控除すべきものは次の通りです。

①厚生年金保険料・健康保険料

標準賞与額に、毎月の給料に対する保険料と同率を乗じて計算します。標準賞与額は賞与の総支給額の1000円未満を切り捨てた金額です。

②雇用保険料

給料の場合と同じです。

③源泉所得税

「賞与に対する源泉徴収税額の算出率の表」の率を使って計算します。

11 すべての取引を勘定科目で区分し、集計しましょう

■ 1年間のすべての取引を分類する科目が勘定科目です

会社は1年間の業績や期末時点の財政状態を株主等に報告しなければなりません。その際に作成するのが決算書です。

この決算書をもとにして、会社は税務署に対して法人税の確定申告書を提出し、税金を納めることになります。

決算書の内容については第7章で詳しく説明しますが、決算書は、会社の1年間の業績や財政状態を把握するために、収益や費用、資産や負債をその性質別に分類して表示する形がとられています。

この性質別に分類されたものには、それぞれ**「勘定科目」**という名前がつけられています。

そこで、現金出納帳や預金通帳に記載された会社の取引を、その性質に応じて勘定科目別に集計する必要があります。

例えば、商品を売り上げたら「売上」、電気代や水道代を支払ったら「水道光熱費」、電車代は「旅費交通費」といった具合に分類、集計しましょう。

最初のうちは迷うことも多いかと思いますが慣れてくれば簡単です。

また、会計ソフトを利用すれば、勘定科目を選択して金額と摘要を入力すれば自動的に集計をしてくれます。

勘定科目の数は必要最小限にとどめましょう

一般的に多く使用される勘定科目を次ページ以降にまとめましたので参考にしてください。

もちろん、これら以外の勘定科目を使用しても問題はありません。会社に合ったわかりやすい勘定科目をつくってもいいでしょう。

ですが、むやみに勘定科目を増やすことで、同じ内容なのに、その時々で異なる勘定科目を使用したりするようでは、前の期との比較ができなくなってしまいます。

勘定科目を使用する基準を統一して、継続的に処理するようにしましょう。

一般的な勘定科目①

収益の勘定科目

科目名	内容	具体例
売上	商品や製品の売上、サービスの提供をした場合	
受取利息	銀行預金に対する利息	
雑収入	臨時的な収入	税金の還付金、補助金、社宅家賃収入

費用の勘定科目

科目名	内容	具体例
仕入	商品や製品の仕入	
外注費	外部に注文して支払った加工賃等	加工賃・制作費　等
役員報酬	取締役・監査役に対する給料	
給料手当	従業員等に対して支払う給料	給料・賃金・賞与・パート代
賞与	従業員等に臨時的に支払う給料（ボーナス）	
法定福利費	社会保険料の事業主負担分	労働保険料、健康保険料、厚生年金保険料　等
福利厚生費	従業員がより働きやすくなるための費用	医薬品購入費、社員旅行代、慶弔金、健康診断料、制服　等
荷造運賃	販売商品の包装や発送にかかった費用	包装費用、宅急便代　等
広告宣伝費	会社や商品の宣伝のための費用	広告料、パンフレット作成料、名前入りカレンダー作成料　等
接待交際費	取引上の接待や交際にかかった費用	飲食代、手土産代、ゴルフ代、中元・歳暮代、見舞金・祝い金　等
旅費交通費	出張や商談、取引等のために外出した際にかかった交通費	電車代、タクシー代、通行料、駐車料、出張旅費・宿泊費　等
通信費	通信のためにかかった費用	電話代、切手代、葉書代、封筒代、郵送料　等
消耗品費	何回か使用するとなくなってしまうものや価格が10万円未満のもの、使用できる期間が1年未満のものの購入費	乾電池、電球、机、椅子　等

一般的な勘定科目②

事務用品費	消耗品のうち、ペンや帳面等の事務用品の購入	帳簿、伝票、筆記具、スタンプ、クリップ、定規、ホッチキス　等
修繕費	固定資産の修繕や手入れにかかった費用	修理代、壁の塗り替え費用、車の部品交換代　等
水道光熱費	事務所や店舗の水道光熱費	水道料、ガス代、電気代　等
支払手数料	他の会社や事業者に支払った手続費用	振込手数料、仲介手数料、弁護士報酬、税理士報酬　等
地代家賃	事務所、店舗、工場等を借りる費用	家賃、地代、駐車場代　等
リース料	リースしている資産のリース料の支払	リース料、レンタル代　等
保険料	従業員に対する生命保険料や事務所、店舗、自動車などの損害保険料	生命保険料、火災保険料、自動車保険料　等
租税公課	税金や行政手数料	固定資産税、印紙代、自動車税、利息源泉税　等
減価償却費	建物、機械、器具備品等の償却費	
支払利息	借入金の利息	
貸倒損失	相手先が倒産等をし、回収できないこととなった債権額	売掛金、貸付金、受取手形等の回収不能額　等
固定資産売却損益	固定資産を売却したことによる、売却代金と簿価との差額	建物売却損、車両売却損、土地売却益　等
法人税等	会社の所得に対して支払う税金	法人税、住民税、事業税
雑費	臨時的に発生する費用で金額が小さいもの	

資産の勘定科目

科目名	内容・具体例
現金	金庫にあるお金（他社振出小切手を含む）
普通預金	通帳の残高
受取手形	売上代金を所定の時期に所定の銀行で受け取ることを約した約束手形や為替手形
売掛金	まだ回収していない売上代金
商品（製品）	物品の販売業者が期末に有する在庫

一般的な勘定科目③

前渡金	仕入に先立って前払いした代金
立替金	従業員や取引先に対して立て替え払いした金銭
前払費用	まだ受けていないサービスに対して支払った対価
短期貸付金	得意先や従業員に対する金銭の貸付けのうち返済期限が1年以内のもの
未収入金	売上代金以外でまだ回収していないもの
仮払金	未確定の取引に対しての支払い
建物	建築または購入した店舗、事務所　等
建物附属設備	電気設備・給排水設備・エレベーター・間仕切り　等
機械装置	機械、装置及びこれに付属する設備
工具器具備品	応接セット、陳列だな、冷暖房機器、パソコン、プリンター　等
車両運搬具	自動車（二輪車を含む）
土地	土地（借地権を含む）
ソフトウェア	コンピュータソフト　等
出資金	他の会社や信用金庫等に対する出資
長期貸付金	得意先や従業員に対する金銭の貸付けのうち返済期限が1年超のもの
創立費	法人を設立するまでにかかった費用
開業費	法人設立後、営業開始までの期間にかかった開業準備のための費用

負債の勘定科目

科目名	内容・具体例
支払手形	仕入代金を所定の時期に所定の銀行で支払うことを約した約束手形や為替手形
買掛金	まだ支払っていない仕入代金
短期借入金	銀行や役員からの金銭の借入れのうち返済期限が1年以内のもの
未払金	仕入代金以外でまだ支払っていないもの
未払費用	既に受けたサービスで、まだ支払っていないもの
未払法人税等	決算時にまだ支払っていない当期の税金
前受金	売上に先立って受領した代金
預り金	一時的に預かっている金銭。従業員の源泉所得税や社会保険料　等
長期借入金	銀行や役員からの金銭の借入れのうち返済期限が1年超のもの

12 すべての勘定科目ごとの取引を複式簿記により総勘定元帳に記帳しましょう

すべての取引を「借方」「貸方」に分けて記帳するのが複式簿記です

ここまで個々の帳簿の役割、記帳のしかたについて説明してきました。

それでは**総勘定元帳**の役割と記帳の流れについて説明していきましょう。

現金出納帳、普通預金出納帳、売掛帳、買掛帳、固定資産台帳、賃金台帳といった帳簿は、事業を行う上で細かく記帳し、管理しなければなりませんが、こうした個々の補助簿の作成だけでは、正確な損益計算や検証を行うには限界があります。

そこで、会社は、すべての取引について**「複式簿記」**による仕訳を行い、勘定科目一つひとつについて帳簿を作成する必要があるのです。

これが「総勘定元帳」と呼ばれ、補助簿に対し、主要簿の役割を担います。

この総勘定元帳を作成する上では、複式簿記による処理を行わなければなりません。

複式簿記とは、すべての取引を**「借方（左）」**と**「貸方（右）」**に分けて記帳することにより、

複式簿記の仕組み

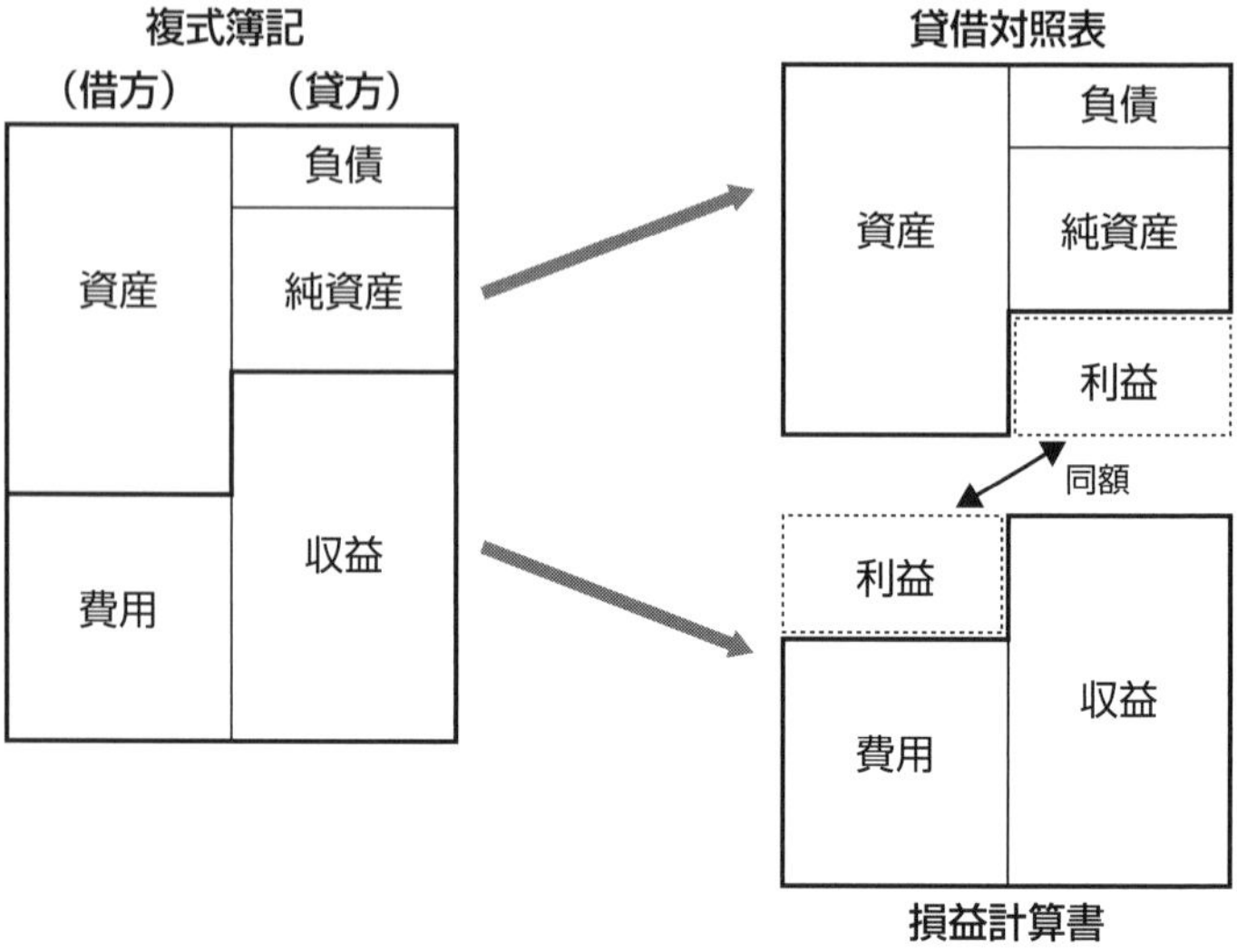

資産、負債の変動と、収益、費用の発生を同時に把握でき、その金額は必ず一致することとなります。この借方、貸方へ分けて記帳することを「仕訳」と呼びます。

複式簿記では、取引を①資産、②負債、③純資産、④費用、⑤収益の5つに分類して記帳していきます。

資産が増えたら「借方（左）」、負債や純資産が増えたら「貸方（右）」へ、費用が発生したら「借方（左）」、収益が発生したら「貸方（右）」へ記帳します。

それを集計すると、後に説明する「損益計算書」「貸借対照表」と呼ばれるものができあがります。複式簿記で記帳すれば、当然、その貸借（右・左）のバランスは一致します。

3つの伝票を使って、総勘定元帳を作成しましょう

まず取引が発生したら、その取引ごとに仕訳をします。この仕訳に使う伝票として**「入金伝票」「出金伝票」「振替伝票」**があります。総称して**「仕訳伝票」**と言います。

現金で費用等を支払った場合には「出金伝票」、現金で売上等を受け取った場合には「入金伝票」を使用して総勘定元帳へ転記していきます。

それ以外の取引を行った場合は、振替伝票を使用します。振替伝票は「借方」と「貸方」に分かれているので、1つの取引を左右2つの勘定科目に分けて表示し、この振替伝票の内容をそのまま、総勘定元帳のそれぞれの勘定科目へ転記していきます。

以前は、総勘定元帳への記帳を一つひとつ手作業で行っていました。そのため、取引の多い会社では膨大な数の伝票と時間を必要としていました。

しかし、近年会計ソフトの発達により、パソコンに仕訳を入力するだけで自動的に総勘定元帳に転記してくれるようになりました。手間と時間がかからなくなり、振替伝票や入金伝票、出金伝票も省略することもできるようになっています。

とは言え、一つひとつ取引を確認しながら仕訳を行うことは、非常に意味のある作業です。経理担当者と代表者とが、事業の検証を行えるという意味合いからも、会計ソフトを使用する場合でも、振替伝票や入金伝票、出金伝票を作成した方が望ましいでしょう。

「仕訳伝票」から「総勘定元帳」への転記例

仕訳伝票

振替伝票　　No.

承認印　　係印

○年　11月　2日

金額	借方科目	摘要	貸方科目	金額
21000	仕入	(株)ソミーVW2H 11050×20個	買掛金	21000
21000	合計			21000

総勘定元帳

仕入

○年 月	日	摘要	借方	貸方	借又貸	残高
11	1	前月繰越			借	2989900
	2	買掛金	21000		借	21000
		11月合計	2854740	0		
		翌月繰越				5844640

買掛金

○年 月	日	摘要	借方	貸方	借又貸	残高
11	1	前月繰越			貸	2989900
	2	仕入		21000	貸	21000
		11月合計	2989900	2854740		
		翌月繰越				2854740

- 出金伝票（消耗品購入）→総勘定元帳の消耗品費（借方）&現金（貸方）へ
- 入金伝票（普通預金引き出し）→総勘定元帳の現金（借方）&普通預金（貸方）へ

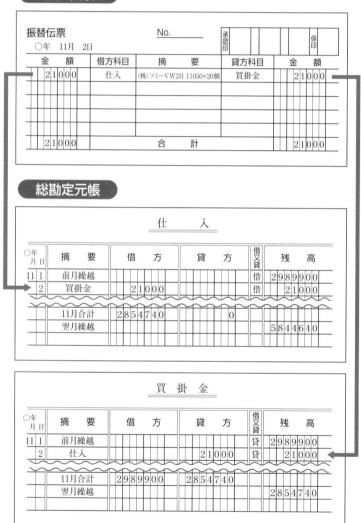

会計ソフトを使えば伝票を省略することもできます

会計ソフトを利用する場合でも、一つひとつの取引について仕訳伝票を作成してから入力した方が、より確実な記帳が実現できるため、原則として、そうすることをおすすめします。

ですが、もし、日常業務で現金出納帳や普通預金出納帳等の補助簿の作成をしっかり行っているのであれば、この補助簿から会計ソフトへダイレクトに入力する記帳の方法もあります。

これによって、総勘定元帳が作成されるだけでなく、仕訳伝票に類する仕訳（日記）帳も作成され、極めて合理的です。

ここは、補助簿を正確に記帳することを前提に、ぜひこの方法にチャレンジしてみましょう。

具体的な方法は次の通りです。

①現金出納帳から入力します

会計ソフトによっては、現金出納帳入力ができるものがあります。残高が一致していることを確認しながら「現金」勘定の相手の勘定科目を入力してください。

②普通預金通帳（普通預金出納帳は省略）から入力します

普通預金通帳から直接入力します。やはり残高が一致していることを確認しながら「普通預金」勘定の相手の勘定科目を入力してください。

なお、現金の引き出しや、入金の場合には、すでに現金出納帳の入力により相手勘定が普通預金として入力されていますので、重複して入力しないよう注意が必要です。

③売掛帳から入力します

掛売上の段階では、売上は実現していますが、現金や普通預金が変動していません。そこで、売掛帳から「(借方) 売掛金×××／(貸方) 売上×××」と入力します。売掛金の回収については普通預金通帳等から入力することになるので、改めて入力する必要はありません。

④買掛帳から入力します

掛仕入の段階でも、まだ現金や普通預金が変動していません。そこで買掛帳から「(借方) 仕入×××／(貸方) 買掛金×××」と入力します。やはり、買掛金の支払については普通預金通帳から入力することになるので、改めて入力する必要はありません。

⑤賃金台帳から入力します

給料の支払については、すでに普通預金通帳から入力されています。

しかし、支払った金額はあくまでも支給額であり、実際には支給総額から所得税、社会保険料等の金額が控除されています。そこで、賃金台帳を確認して給与の手取り支給額に、所得税、社会保険料等を「預り金」勘定や「法定福利費」勘定として追加して、給与の総額に仕訳を修正する必要があります。

13 月に1度は試算表を作成しましょう

経理ミスの防止、経営分析等に有効です

試算表とは、その時点の総勘定元帳の各科目の借方・貸方の金額や残高を集計した表のことを言います。仕訳が正確に行われており、総勘定元帳が作成されていれば、試算表の借方合計と貸方合計は一致します。毎月、定期的に試算表を作成することで、記帳漏れや記帳ミスといった経理上のミスを防ぐことができ、より正確な帳簿を作成することができます。また、試算表は、その作成時点での財政状態、経営成績を示すものですから、会社の現状を常に把握することができ、粗利率の悪化や無駄な経費といった事業上の問題点の発見や、資金繰り、事業計画といった将来の目標を立てることが可能となります。

一般的な会計ソフトでは、各取引の仕訳を入力することにより自動的に試算表を作成してくれます。詳細については、会計ソフトの説明書等で確認してください。

試算表は、いわば会社の健康診断書です。早め早めの作成を心がけましょう。

「合計残高試算表」記載例

合計残高試算表

株式会社　リザルト

単位：円

自令和◯年11月1日　至令和◯年11月30日

勘定科目	前月繰越	合計試算表		残高試算表	
		借方	貸方	借方	貸方
現金	2,300	150,000	144,460	7,840	
普通預金	278,817	4,039,369	4,180,362	137,824	
売掛金	3,859,960	4,251,020	3,859,960	4,251,020	
立替金		6,200		6,200	
車両運搬具	2,500,000			2,500,000	
敷金	300,000			300,000	
長期前払費用	150,000			150,000	
創立費	270,000			270,000	
買掛金	2,989,900	2,989,900	2,854,740		2,854,740
短期借入金	4,770,000	100,000			4,670,000
預り金	21,010		15,960		36,970
資本金	1				1
売上高	3,859,960		4,351,020		8,210,980
仕入高	2,989,900	2,854,740		5,844,640	
役員報酬	300,000	300,000		600,000	
給料手当	210,000	210,000		420,000	
雑給	120,000	120,000		240,000	
法定福利費	94,380	71,401	2,640	163,141	
交際費	22,021	38,510		60,531	
会議費	32,600	12,000		44,600	
旅費交通費	9,230	8,600		17,830	
通信費	14,251	12,859		27,110	
消耗品費	173,987	18,562		192,549	
事務用品費	35,280	3,150		38,430	
水道光熱費	3,215	2,989		6,204	
新聞図書費		1,825		1,825	
支払手数料	13,230	11,970		25,200	
車両費	51,200	49,850		101,050	
賃借料	150,000	150,000		300,000	
保険料	48,500	5,200		53,700	
租税公課	12,000	1,000		13,000	
受取利息			3		3
合計	23,281,742	15,409,145	15,409,145	15,772,694	15,772,694

第5章

株式会社の節税の秘策、教えます

税金を納めるのは事業経営者の義務です。とは言え、必要以上に払う必要もありません。「節税をしたければ会社をつくりなさい」と言われるように、株式会社にはさまざまな節税のポイントがあります。節税の秘策を紹介しましょう。

1 なにはともあれ青色申告を選択しましょう

■白色申告より断然青色申告です

節税の第1歩は、何をおいても「青色申告」です（⬇97ページ）。

青色申告とは、簡単に言うと、「複式簿記のルールに従って正確に帳簿をつけ、正しい納税をします」という約束をすることで税金をおまけしてもらえる制度です。

これに対して、青色申告ではない通常の確定申告を一般的に白色申告と言いますが、青色申告は、白色申告に比べ、税務上有利な点がたくさんあります。主なものを紹介しましょう。

■青色申告によってここまで節税が可能になります

①繰越欠損金を控除することができます

株式会社の税金は、その事業年度（通常1年間）に生じた所得（利益）に対して法人税、法人住民税、法人事業税が課されます。

したがって、赤字になった事業年度については原則、法人税等の税金は生じません。ただし、所得に関係なく一率に課される「均等割」は赤字であっても納付する必要があります。

特に設立事業年度等は経費がかかり赤字になる可能性が大きくなります。法人税等は原則事業年度課税です。白色申告だと、この赤字の金額（欠損金）は、その年で切り捨てられてしまうのですが、青色申告であれば、この欠損金を最大9年間（平成29年4月1日以後に開始する事業年度において生ずる欠損金額の繰越期間は10年となりました）繰り越すことができます。翌事業年度以降に黒字になったとしても、その所得から欠損金を控除することができます。

②30万円未満の減価償却資産を一括損金算入することができます

株式会社が、減価償却資産を購入した場合、その耐用年数にわたって損金算入（法人税では経費計上を損金算入と言います）することになります。ただし、その使用可能期間が1年未満であるものや取得価額が10万円未満であるものについては、全額その支出した事業年度の損金として処理することができます。これが青色申告であれば、取得価額が30万円未満のものを、総額300万円までに限って、その支出した事業年度の損金として処理することができます。

③特別償却・税額控除その他特別な減税制度を適用できます

固定資産の減価償却費を法定の償却額より多く損金にできる特例や一定の要件に該当した場合に法人税額を直接減額してくれる制度等、青色申告であれば優遇される特例が数多くあります。

2

資産購入は30万円未満に抑えましょう

固定資産は一括して損金処理ができません

事業をする上で必要な資産にはどのようなものがあるのでしょうか。例えば、パソコン、電話器、FAX、机、椅子、商談をするための応接セット等の備品類、移動のための車等々。これらは事業をするための必需品ですが、中にはかなり高額なものもあります。

しかし、これらの資産の購入金額はすべて支払った年の損金（経費）とすることはできません。これらの資産のうち購入価格10万円以上のものは、その使用する期間にわたって分割して損金にします。これがいわゆる減価償却です。

全額必要経費にできる固定資産の購入方法があります

ですが、資産の購入金額によっては支払時に一括で損金にできます。青色申告していることが条件になりますが、30万円未満なら損金にできます。ポイントは「未満」です。30万円ちょ

少額、一括減価償却資産の償却方法

10万円未満	全額支払った事業年度の損金にできる
20万円未満	一括償却資産として毎年1／3ずつ損金にできる
20万円以上	減価償却により耐用年数にわたって損金となる

令和6年3月31日までの青色申告の特典として

30万円未満	全額支払った事業年度の損金にできる （1事業年度につき300万円まで）

うどの資産を買うと全額落とせなくなります。

なお、消費税を税込経理している場合には（⬇225ページ）、消費税も含めた金額で判定します。例を挙げて説明しましょう。

●29万8000円のパソコンを期末に買った場合＝損金の金額29万8000円（全額）

●30万円のパソコンを期末に買った場合＝損金の金額18万7500円（定率法、4年で償却）

たった2000円の違いで損金の金額が28万5500円も変わるのです。

なお、金額の判定は1台ごとに行います。2台購入してまとめて領収書を切ってもらう場合には「パソコン2台分として」というように明記してもらってください。

固定資産は原則、上表のような経理処理で損金とすることができます。

3

家族を役員・従業員にすると給料を経費にすることができます

■社長自身にも給料を払うことができます

個人で事業を行っている場合、どうしても所得が事業主1人に集中します。所得税は、所得が多くなるほど税率が高くなる超過累進課税をとっており、住民税と合わせると税率が最大で55%になります。つまり、儲けの半分以上は税金として取られてしまうということです。

個人事業でも、一定の要件を満たせば、配偶者等の家族を青色事業専従者として給料の支払を行うことができますが、その金額には限度があります。

しかし、会社であれば、次のようなことが可能となります。

①個人事業の場合には事業主が自分自身に給料を支払うということはできませんが、会社であれば、社長は自分にも給料を支払うことができます。このとき、所得税における「給与所得控除額」を控除することにより、税額の負担が減少します。

会社の方が個人事業よりも節税効果が高い

❶社長(オーナー)にも給料が払えて、給与所得控除が使える

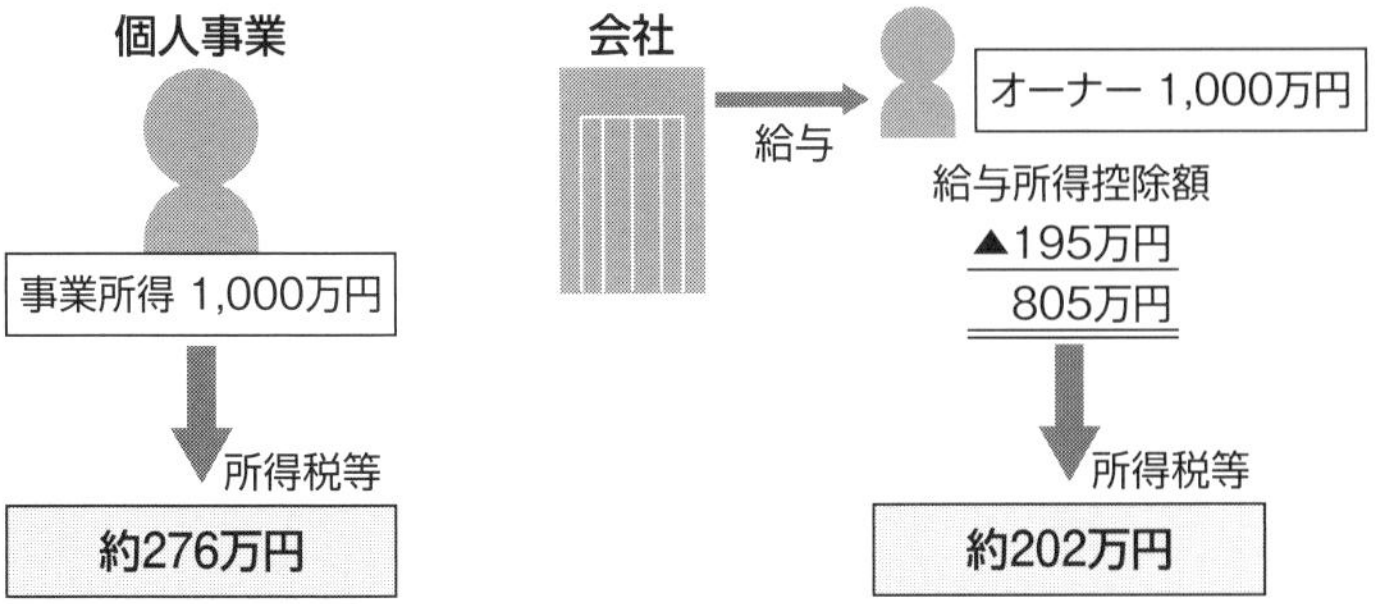

❷所得が分散でき低い税率で課税を受けられる

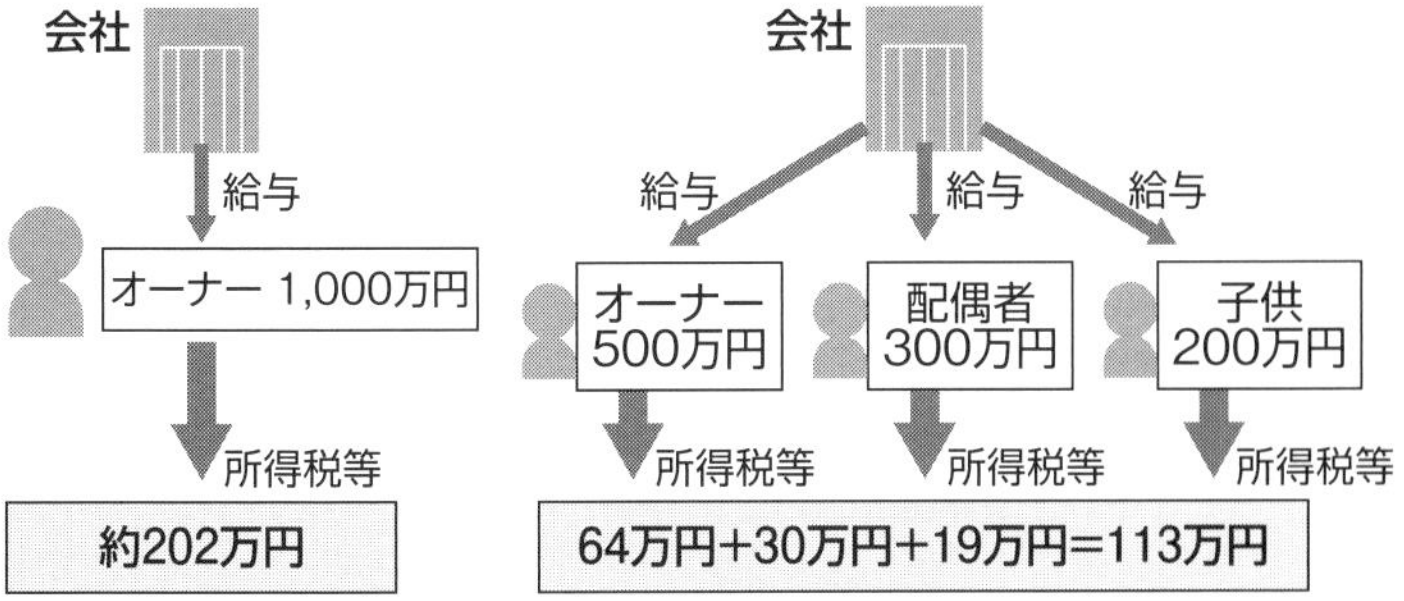

❸所得が分散でき相続対策になる

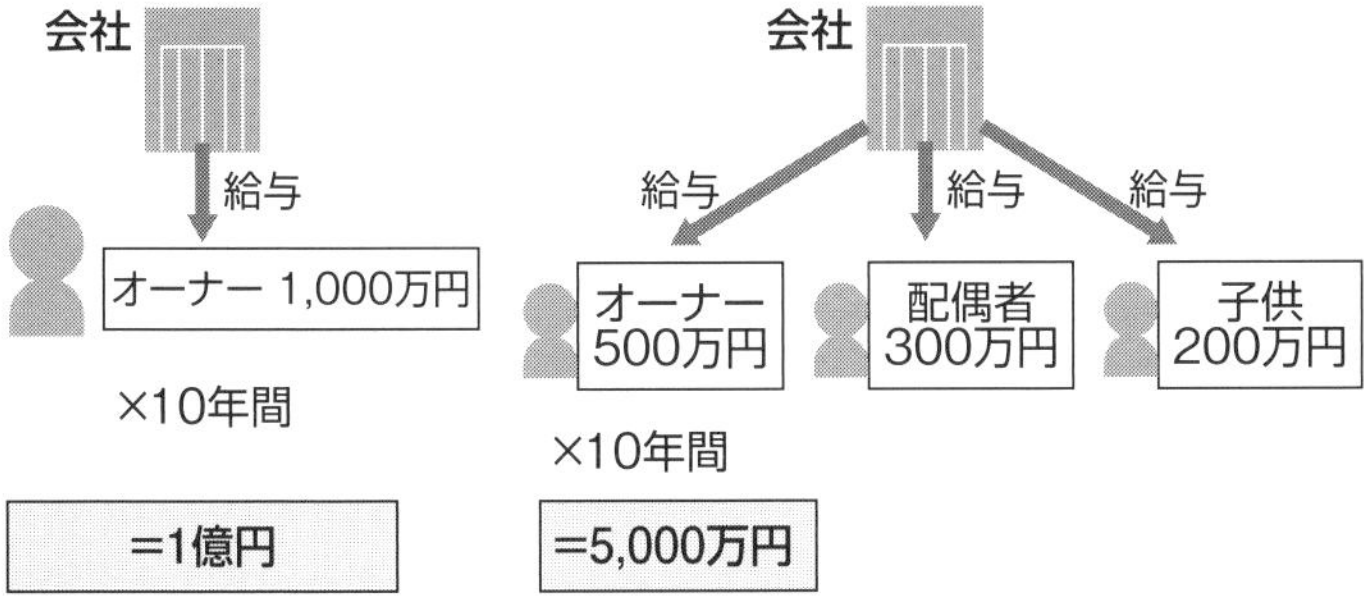

※所得控除は考慮していません。
※復興特別所得税は考慮していません。

②比較的、所得の少ない家族を役員や従業員にして、報酬、給料を支払うことで、社長に所得が集中することなく、家族の低い税率で所得税課税を受けられます。

③社長への所得の集中を抑えることで、結果的に財産の増加も抑えることになり、長期的には相続税の対策としても有効です。

■適正な額の設定がポイントです

もっとも、いくら経費にできるといっても、家族への給料が無制限に認められるわけではありません。税務上、次のような制限が設けられていますので注意が必要です。

●損金に算入できる役員給与

役員に対して支払う給与のうち損金算入できるものは、①定期同額給与、②事前確定届出給与、③利益連動給与に該当するものに限定されています。

●過大な役員報酬、給料の損金不算入

役員や家族従業員に支払う報酬や給与が、その者の職務の内容や似たような会社の給与と比較して高額である場合には、高額な部分の金額については損金に算入することができません。

4 領収書のない支払も経費になります

出金伝票を切って領収書の代わりにします

経費として支払った金額を税務上の損金として落とすためには、原則として領収書を大切に保管しておく必要があります。

領収書は実際に経費として支払っていることを証明する書類ですから、これがあれば万が一税務署の調査が入ったときでも安心です。

その一方で、支払の際に領収書がもらえない経費も少なくありません。

例えば、

- 移動時の電車賃、バス代
- 自動販売機で購入した物品代
- 香典、祝い金等の支払

等です。

これらの領収書のない支払は一切損金とすることができないのでしょうか。

安心してください。事業のために使ったのですからもちろん損金とすることができます。

しかし、実際に支払ったところを第三者が見ていて証明してくれるわけではありませんから、それなりの信憑性を持たせなければなりません。


領収書のない支払をしたつど、出金伝票をおこし、領収書の代わりにするのです。

出金伝票に日付、金額、支払先を正確に記入し、内容についても明らかになるようにきっちり記入しておきます。この出金伝票を領収書の代わりとして保管しておくのです。

後で金額等がわからなくならないように、支払のつど、忘れずに記入する癖をつけることが大切です。


さらに、交通費等であれば、精算の明細に業務の内容を記載した業務日報等も合わせて保管しておけば、証拠書類としては十分です。

慶弔の支払については礼状や案内状等があればこれらも証拠書類となります。一緒に保管しておきましょう。

また、領収書のない支払はほとんどが現金での支払でしょうから、その現金支払は現金出納帳に記載されます。現金出納帳にも詳細を記載してあれば、時間的経過が明瞭ですからさらに証拠能力が増します。

「出金伝票」の記入例

出金伝票 No.

○年 11月 5日

承認印				係印

コード		支払先	東京メトロ 様

勘定科目	摘要	金額
旅費交通費	西新宿 ⟷ 四谷	330
	(株)ウェイブ 納品立ち会い	
仮払消費税等		
合計		¥330

コクヨ テ-2002

出金伝票 No.

○年 11月 25日

承認印				係印

コード		支払先	株式会社 チョウジャ 様

勘定科目	摘要	金額
接待交際費	専務結婚式祝い金	30000
仮払消費税等		
合計		¥30000

コクヨ テ-2002

5

代金の受領は振込にしましょう

領収書の印紙代はばかにできません

経費を税務上の損金として落とすために、領収書を保管しておくことが重要だと述べました。それは得意先のお客様にとっても同様です。売上の代金を受け取ったときには、こちらが領収書を渡さなければいけません。

この領収書の記載金額が5万円以上になる場合には印紙をはります。領収書にはる印紙の金額は次ページの表のように定められています。この印紙代も積もり積もれば結構な金額になります。そこで、領収書の印紙についても節税の方法を考えましょう。

振込を活用して領収書を発行しない方法があります

①消費税込の総額を記載すると、この総額に印紙税がかかります。消費税を別記すれば税抜の記載金額で印紙税の判定ができます。

領収書にはる印紙の金額

領収書に記載された受取金額	印紙税額	非課税のもの
100万円以下	200円	①記載された受取金額が5万円未満のもの（注）
200万円以下	400円	②営業に関しないもの
300万円以下	600円	③有価証券、預貯金証書など特定の文書に追記した受取書
500万円以下	1,000円	
1,000万円以下	2,000円	
2,000万円以下	4,000円	
3,000万円以下	6,000円	
5,000万円以下	1万円	
（以下省略）		

②代金を数回に分けて受領したものを1枚の領収書で済ませます。

③領収書を交付しないという方法もあります。銀行振込を活用するのです。売掛代金については振込による回収とし、お客様の手元に残る振込書が領収書の代わりになることをお客様に了承してもらいます。印紙が節約でき、こちらで領収書を作成する手間も省けます。仮に500万円の売上代金につき、領収書を発行すると1000円の印紙がかかります。これを振込にしてもらうと不要になります。一方で、お客様は振込手数料がかかるので、振込手数料差引で振込んでくる場合もあります。それでも通常、振込手数料の方が印紙税より安くなります。

印紙税の節税法

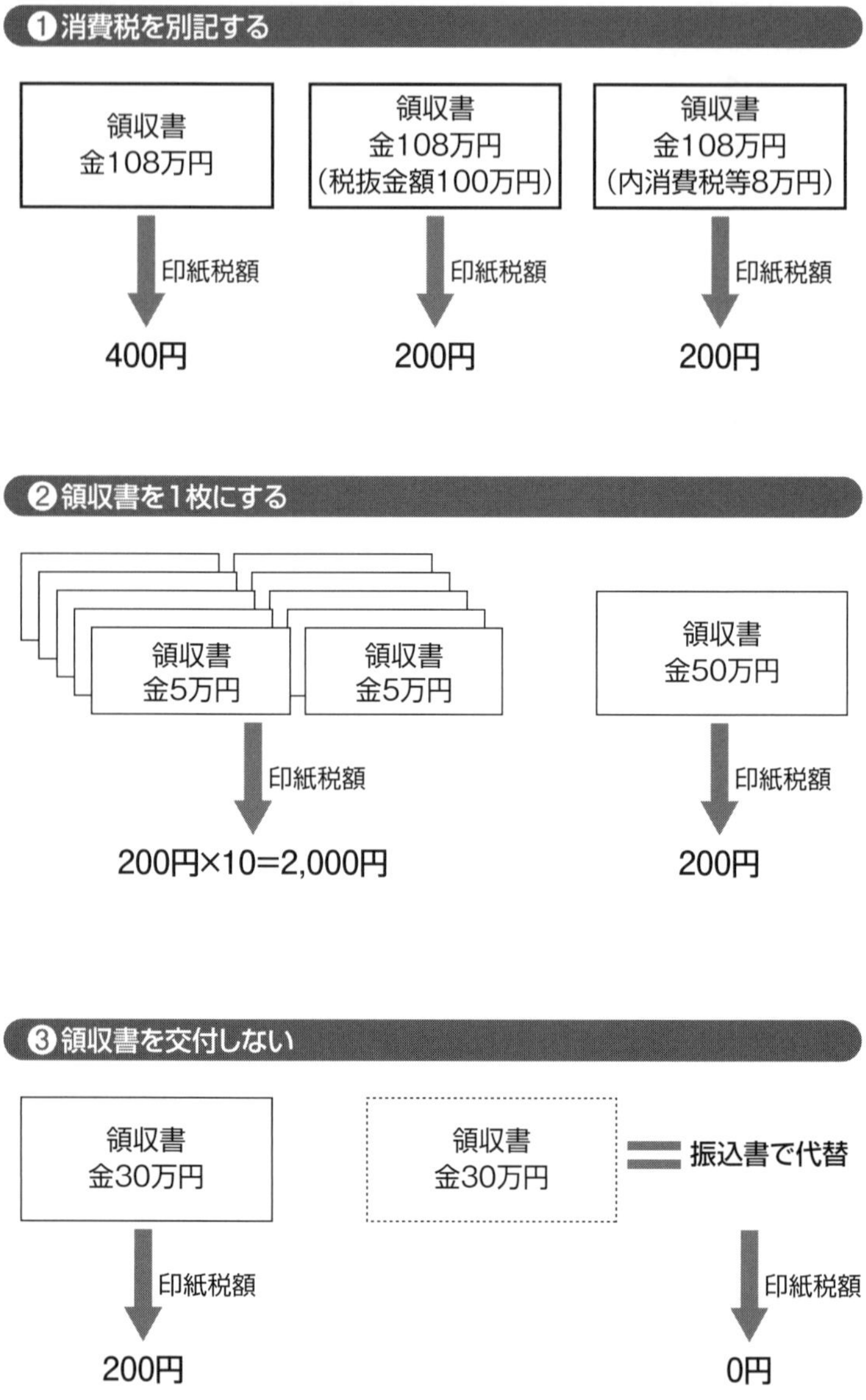

①消費税を別記する
領収書 金108万円
印紙税額
400円
領収書 金108万円 (税抜金額100万円)
印紙税額
200円
領収書 金108万円 (内消費税等8万円)
印紙税額
200円
②領収書を1枚にする
領収書 金5万円
領収書 金5万円
印紙税額
200円×10=2,000円
領収書 金50万円
印紙税額
200円
③領収書を交付しない
領収書 金30万円
印紙税額
200円
領収書 金30万円
振込書で代替
印紙税額
0円

第6章

事業に専念するための「手抜き」の方法、教えます

創業したてのころや、1人会社ではすべてのことを自分（たち）の手で行わなければなりません。時間と労力は効率的に使いましょう。特に間接業務にわずらわされてはいけません。「手抜き」とは、本業に集中して、売上を上げるための知恵のことです。

1 源泉所得税の納付は年2回払いで済ませましょう

■毎月の納付は手間がかかり、払い忘れのリスクもあります

役員や従業員の給料は、毎月25日等月末に支払う会社が多いと思います。このような給料や賞与を支払う際に、会社は源泉所得税を差し引き、預からなければなりません（➡157ページ）。

預かった源泉所得税は、預かった月の翌月10日（土曜・日曜・祝日の場合は翌日）までに**「給与所得・退職所得等の所得税徴収高計算書」**に記載して最寄りの金融機関で支払う必要があります。

具体例を挙げながら説明しましょう。役員、従業員に対し、7月10日に夏季賞与、7月25日に7月分給与を支払ったとすると次のようになります。

●7月分給与内訳

坂本久志＝月額30万円　源泉所得税３６２０円

黒木美雄＝月額21万円　源泉所得税4120円
田中洋子＝月額12万円　源泉所得税830円
［計］63万円　源泉所得税8570円

●夏季賞与内訳
黒木美雄＝賞与45万円　源泉所得税＝3万5919円
【合計納付額】4万4489円

以上を「給与所得・退職所得等の所得税徴収高計算書」に記入したものが195ページです。

この毎月の源泉所得税の支払をうっかり忘れてしまったらどうなるでしょうか。源泉所得税は、納付期限までに納めないと「不納付加算税」と「延滞税」という2つの罰金が科せられます。1日でも遅れると罰金がかかるのです。それぞれ原則、次のようにして計算されます。

●**不納付加算税**＝1日遅れたら本税（預かった税金）の10％（100円未満は切り捨て。税務署から指摘を受ける前に、自主的に納付した場合には5％となります）。

●**延滞税**＝納期限の翌日から2カ月を経過する日まで本税の年7・3％（100円未満切り捨て。1日当たり、1万円につき2円。現在は、年7・3％）と、特例基準割合（各年の前々年10月から前年9月までの各月における銀行の新規の短期貸出約定平均金利の合計を12で除して得た割合として各年の12月15日までに財務大臣が告示する割合に年1％の割合を加算した割合）のいずれか低い割合。2カ月を経過後は、納付の日まで本税の年14・6％（1日当たり、1万円につき4円）。

■「納期の特例」手続で年2回払いにしましょう

前置きが長くなりましたが、払い忘れ等によるこのような罰金をさけるためと、毎月の支払の手間を省略するため、源泉所得税を年2回のまとめ払いをする制度を利用しましょう。

この手続を一般に「納期の特例」と言います。特例を受けるには「源泉所得税の納期の特例の承認に関する申請書」を提出する必要があります（⬇94ページ）。記載箇所は少なく簡単な書類です。ぜひ提出してください。

この特例を受けると次のような形で納付を行います。

- 1回目は、7月10日（土曜・日曜・祝日の場合は翌日）までに、1月〜6月までに預かった源泉所得税の金額をまとめて納めます。
- 2回目は、1月20日（土曜・日曜・祝日の場合は翌日）までに、7月〜12月までに預かった

「給与所得・退職所得等の所得税徴収高計算書」記入例

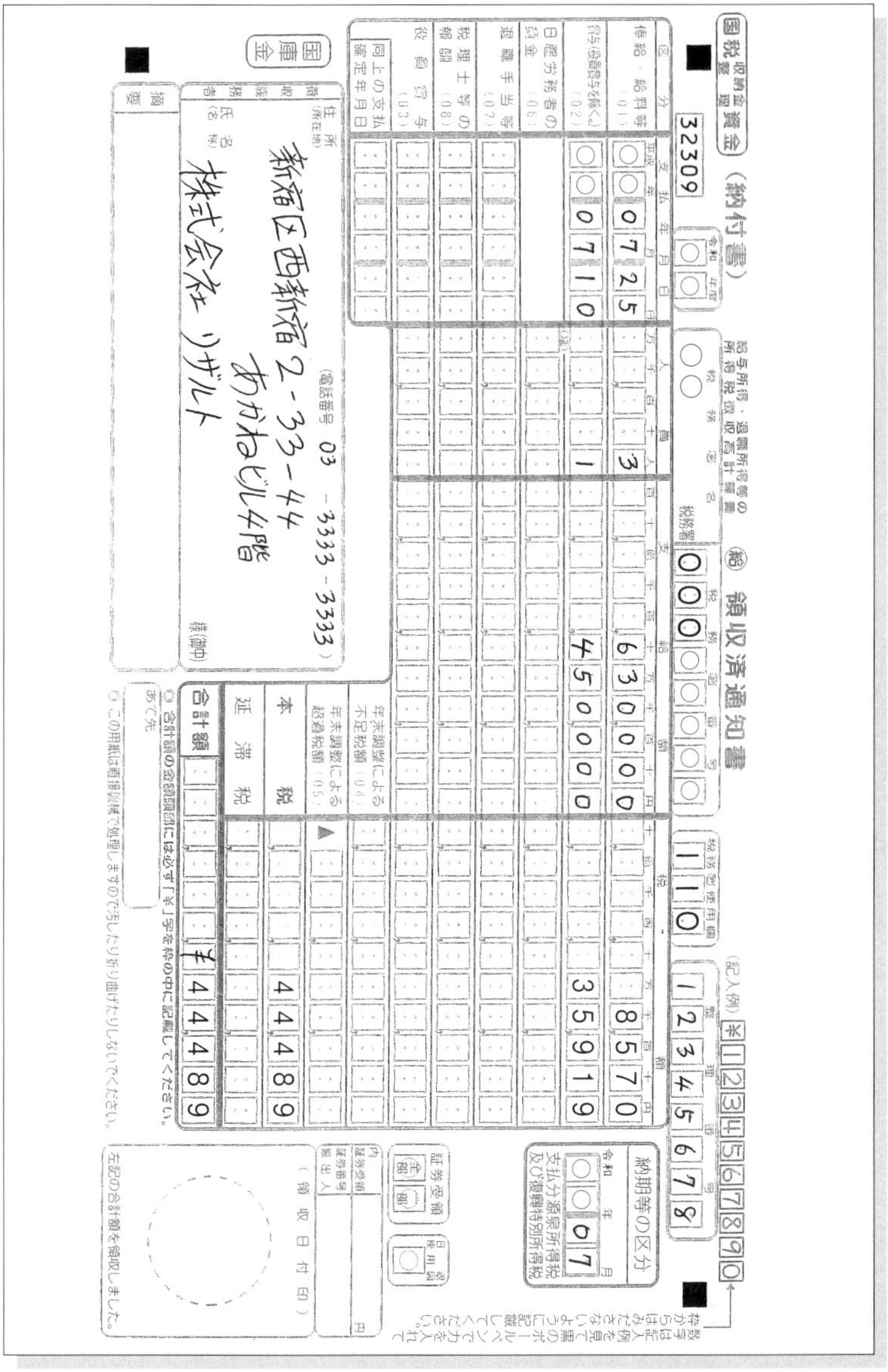

源泉所得税（年末調整還付後）の金額をまとめて納めます。

先ほどの例に基づいて納付額を計算してみましょう。

●7月10日納付額

給与支給額63万円×6カ月＝378万円　税額8570円×6カ月＝5万1420円

●1月20日納付額

給与支給額63万円×6カ月＝378万円　税額8570円×6カ月＝5万1420円

夏季賞与支給額45万円　税額3万5919円

冬季賞与支給額45万円　税額3万5919円

年末調整還付金額3名分△6万2678円

➡差引納付額6万580円

これを「給与所得・退職所得等の所得税徴収高計算書」へ記載したのが、197・198ページの例です

「納期の特例」を受けたときの「所得税徴収高計算書」記入例（7月10日納付）

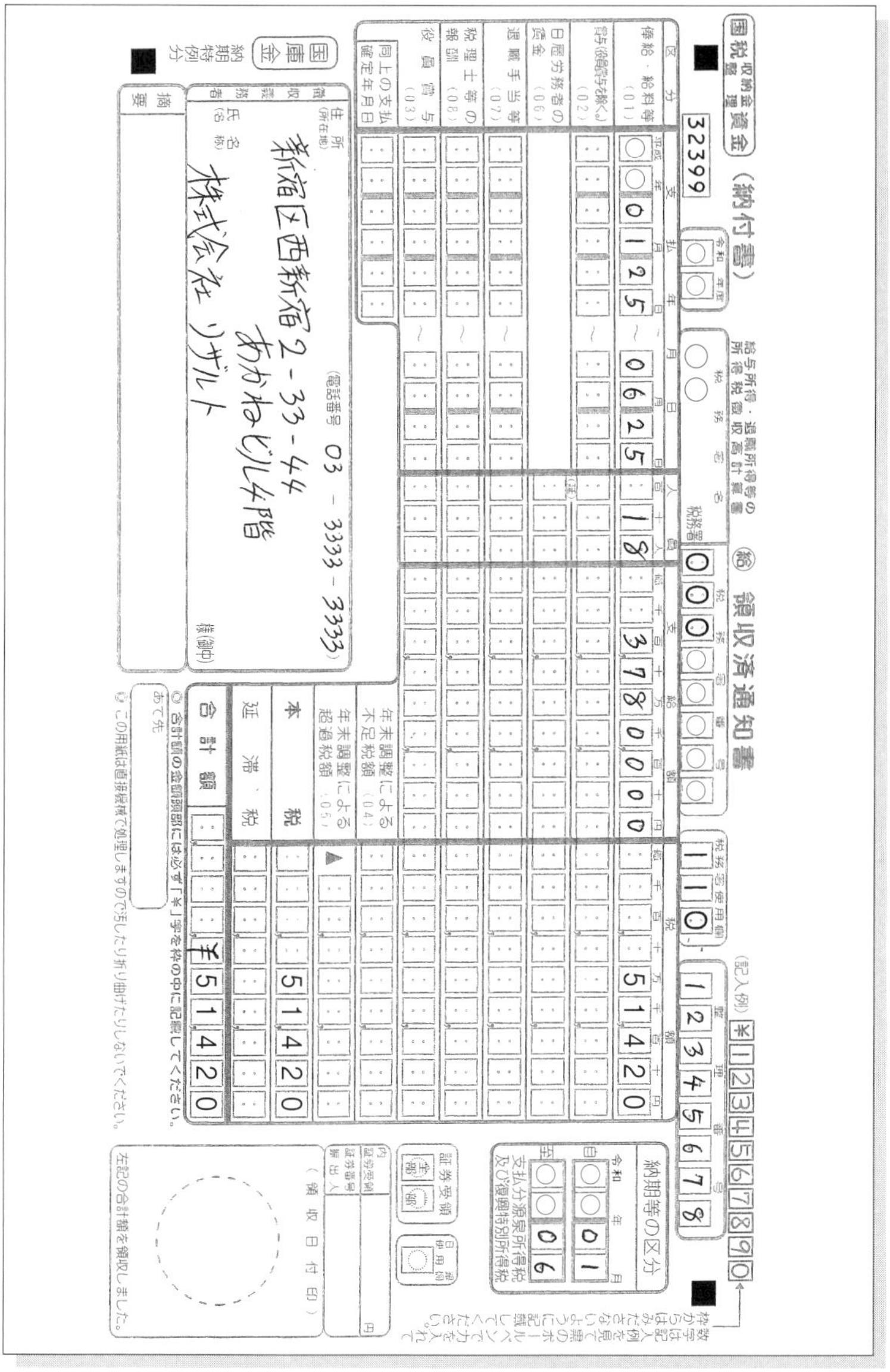
国税 収納金整理資金 （納付書） 領収済通知書 給

32399

令和 ○○ 年度

給与所得・退職所得等の所得税徴収高計算書

税務署名 ○○ 税務署

区分	年月日	人員	支給額	税額
俸給・給料等（01）	平成 ○○ 01 25 ～ 06 25	18	3780000	51420
賞与（役員賞与を除く）（02）				
日雇労務者の賃金（06）				
退職手当等（07）				
税理士等の報酬（08）				
役員賞与（03）				
同上の支払確定年月日				
年末調整による不足税額（04）				
年末調整による超過税額（05）				
本税				51420
延滞税				
合計額				¥51420

納期等の区分 令和 自 ○○年 01月 至 ○○年 06月 支払分源泉所得税及び復興特別所得税

税務署使用欄 110

（記入例）¥1234567890

数字は記入例を見て枠からはみださないように記入してください。

住所（所在地） 新宿区西新宿2-33-44 あかねビル4階（電話番号 03 - 3333 - 3333）

氏名（名称） 株式会社 リザルト 様（御中）

摘要

国庫金 納期特例分

◎ 合計額の金額欄には必ず「¥」字を枠の中に記載してください。

◎ この用紙は直接機械で処理しますので汚したり折り曲げたりしないでください。

あて先

証券受領 ／ 日銀使用欄 ／ （領収日付印）

左記の合計額を領収しました。

「納期の特例」を受けたときの「所得税徴収高計算書」記入例（1月20日納付）

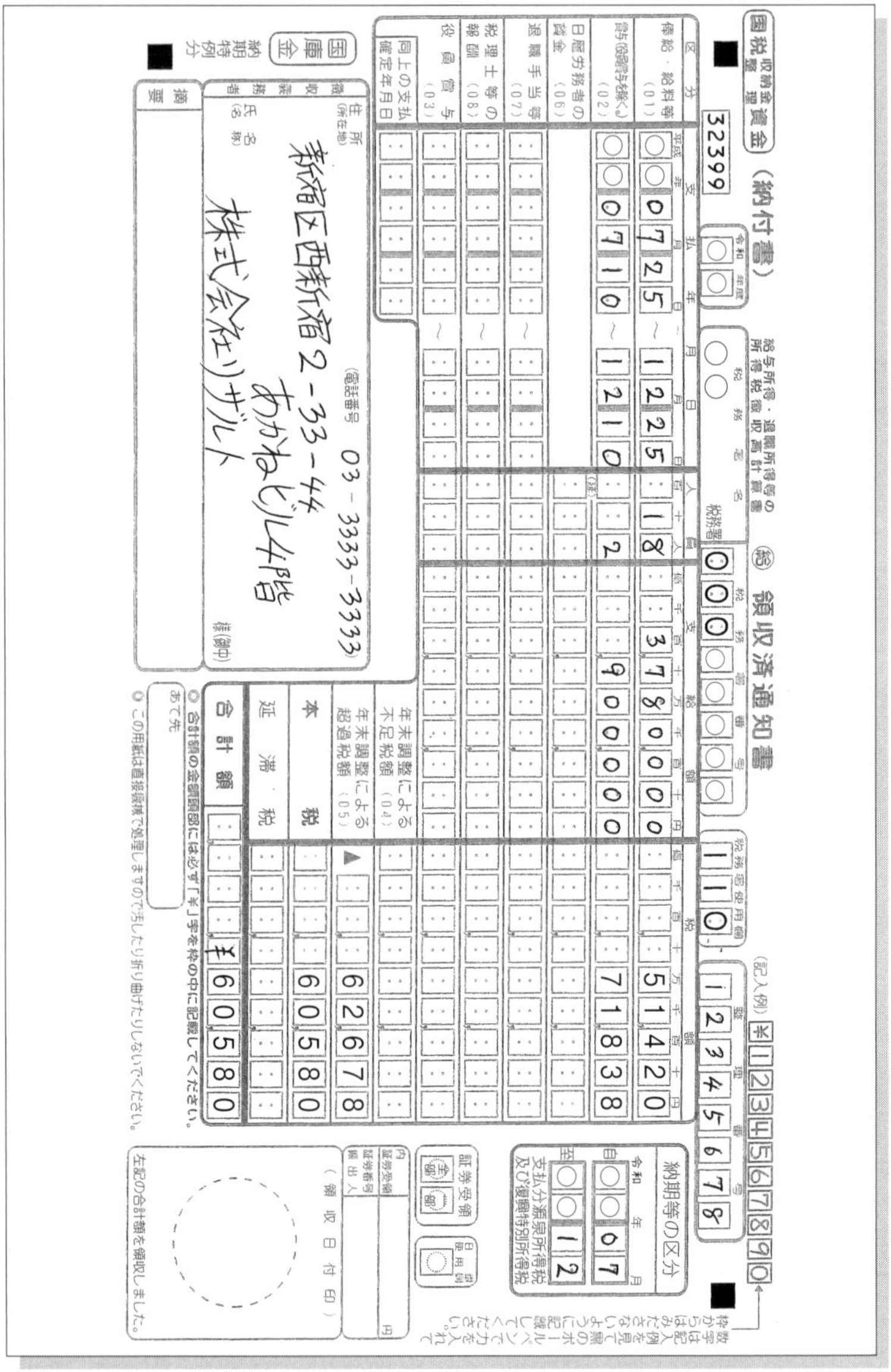

■10人未満の会社なら迷わず選択してください

この特例を受けるための注意点は以下の通りです。

①適用対象事業所は、常時雇用人数（青色専従者・従業員数）が10人未満の事業所が対象となります。

②弁護士、税理士、司法書士等の報酬に係る源泉所得税は、「納期特例」の対象ですが、デザイン料や原稿料等、その他に係る源泉所得税は対象となりません。支払った月の翌月10日に納付する必要があります。

③年の途中で、特例を受ける届出書を提出した場合は、提出した翌々月納付分から適用されます。例えば12月2日に届出書を提出した場合、12月25日給与支払時に預かった源泉所得税は、1月10日が支払期限となります。1月25日給与支払分以降から「納期特例」の適用となります。

④「納期特例」納付期限（7月10日、1月20日）を過ぎて納付した場合は、通常の場合と同様に「不納付加算税」と「延滞税」が課されます。それに加えて「納期特例」取消の処分を受ける場合があります。取消の処分を受けると毎月10日が納付期限となります。

このように源泉所得税は、原則、毎月払わなければなりませんが、所定の手続で年2回の支払で済ませることができます。ぜひ省力化の1つとして検討してください。

2 たな卸は手間と時間のかからない評価法を選びましょう

■年度末に商品や原材料等を把握、評価して金額に換算します

会社は年度末の決算で、期中で仕入れた商品や原材料が、期末現在、倉庫や店舗に何個残っているのかを、種類ごとに把握しなければなりません。この作業を**「たな卸」**と言います。

なぜ、たな卸を行う必要があるかと言うと、正確な利益を計算するためであることはもちろん、仕入れた商品のうち、売れた分だけが経費として認められるからです。

この仕入れた商品のうち、売れた分として認められる経費を**「売上原価」**と言います。

売上原価は、前期末の売れ残りの商品の在庫高**（期首商品たな卸高）**と当期の商品の仕入金額の合計から、当期末の売れ残り商品の在庫高**（期末商品たな卸高）**を引いて求められます。

当期の「期末商品たな卸高」は、自動的に、翌期の「期首商品たな卸高」となります。

たな卸が必要なものとしては、「商品」「製品」「半製品」「仕掛品」「主要原材料」「補助原材料」「消耗品で貯蔵中のもの」等があります。

この「たな卸」によって、種類ごとに数量を把握した商品や原材料を評価して金額に換算することを「たな卸資産の評価」と言います。

そして、評価したたな卸資産の金額を「期末たな卸高」と言います。

たな卸資産の評価方法には、「原価法」と「低価法」の2種類の方法に大別され、「原価法」はさらに203ページのような6つの方法に分けられます。

「低価法」とは、6つの原価法のうち、いずれかの方法によって計算された期末たな卸高と、期末においてその商品を売却するものとした場合の価格（時価）を比べて、いずれか低い方の価額を期末たな卸高とする方法です。比較は種類ごとに行うのが原則です。

手間と時間のかからない評価法の選択がポイントです

このたな卸も、これらの評価方法を上手に選択すれば、大幅に時間と手間を省略することができます。

以下の点を参考にしながら、自社の取り扱っている商品の特徴を考慮して、時間と手間のかからない方法を選択しましょう。

①**一般的な方法**＝最終仕入原価法（もっともポピュラーな方法です。前述しましたが届出の提

出がない場合この方法で評価します。株式会社リザルトはこの方法を採用しています）

②取扱商品の種類が多い業種＝売価還元法、総平均法（書店、食料品店、雑貨店等の業種に最適な方法です）

③商品1個当たりの原価が高額で在庫数が少ない業種＝個別法（高価で品数の少ない商品を扱う業種、例えば注文生産品や貴金属等を扱う会社に向いています）

④デフレ時の節税対策に有効な方法＝先入先出法、最終仕入原価法

⑤計算が煩雑だが価格変動を忠実に反映する方法＝移動平均法（外貨や商品相場のある商品のような、相場の変動の著しい商品を扱う業種に向いている方法です。最近はコンピュータの発達で計算の煩雑さも解消されています）

■選択手続を行わないと最終仕入原価法が採用されます

会社を設立した事業年度の申告で、たな卸資産の評価方法を選択するためには、確定申告期限までに「棚卸資産の評価方法の届出書」に採用する評価方法を記載して所轄の税務署に提出する必要があります。

なお、この届出を所轄の税務署に提出しない場合は、「最終仕入原価法」で期末たな卸高を出すことになります。その場合、低価法の採用は認められません（➡100ページ）。

たな卸資産の評価方法

代表的な原価法

たな卸資産の評価方法	解説
最終仕入原価法	最後に仕入れたときの単価をその商品や原材料の単価と定める方法。 評価額＝年末たな卸数量×年末最後の仕入時の単価
売価還元法	「たな卸」で把握した数量に販売単価を掛けた金額に原価率を掛けた結果を評価額とする方法。原価率が同じであれば種類が異なる商品でも一括して計算ができる。 原価率＝$\frac{\text{期首在庫数量（初年度はゼロ）＋期の仕入高合計}}{\text{期の売上高合計＋期末在庫の販売価額合計}}$ 評価額＝「たな卸」数量の販売価額合計×原価率
総平均法	商品や原材料の種類ごとにすべての平均単価を計算する方法。 平均単価＝$\frac{\text{期首在庫高（初年度はゼロ）＋期の仕入高合計}}{\text{期首在庫数量（初年度はゼロ）＋期の仕入数量}}$ 評価額＝　期末たな卸数量×平均単価
個別法	在庫商品や原材料の個々の仕入れ金額を評価額とする方法。 評価額＝11月○△日の仕入額＋12月○○日の仕入額＋……

その他の原価法

たな卸資産の評価方法	解説
先入先出法	先に仕入れたものから、先に出荷したと仮定した単価に数量を掛けて計算する方法。
移動平均法	商品を仕入れるつど、仕入金額を在庫金額に合計し、合計金額を合計数量で割った金額を平均単価とする。期末に最も近い日の平均単価を期末数量に掛けて計算する方法。

「期末棚卸高明細表」記載例

期末棚卸高明細表

令和○年3月31日現在　　　　評価方法:最終仕入原価法

単価(円)

商品番号	数　量	最終仕入単価	税込価格
#01234	7ダース（84）	1,080	90,720
#01235	4ダース（48）	2,160	103,680
#01236	3ダース（36）	3,240	116,640
#01237	4ダース（48）	4,320	207,360
合　計	18ダース(216)		518,400

■期末棚卸高明細表をつくりましょう

期末にたな卸を実施したら、評価法、数量、単価を記載し、採用した評価方法で計算した金額を表にまとめておきましょう。

この表を**「期末棚卸高明細表」**と言います。

3 売掛代金は集金よりも振込にしましょう

銀行振込は手間もリスクもない回収法です

昔の商店では日頃はツケで販売し、月末に、場合によっては盆・暮れに集金に行く、というような掛けによる販売方法をとっていました。商店も貸し倒れや、入金遅れの金利を見込む等して、多少値段を高く設定して販売していました。

しかし、その後、近代的販売方法と集金方法が急速に発展していきます。その代表が、インターネット販売やネット振込、カード決済、クレジット決済等です。自社で長期の掛け売りをするということは少なくなりました。

この売上代金の回収方法ですが、現金販売、掛け売り月末現金集金、掛け売り小切手集金回収、掛け売り手形集金回収、掛け売り振込回収等、さまざまな商習慣があります。

現金販売が一番ですが、得意先との取引条件もあるため、こちらの都合を押し通すことはできないでしょう。売上代金回収で重視すべきポイントは次の通りです。

①商品販売と代金回収の時間が短いこと
②代金に貸し倒れが生じないこと
③代金回収時に盗難や紛失等の事故が起きないこと
④代金回収に人件費等の回収コストがかからないこと
⑤代金回収の記録を残すこと

①と②は相関関係です。商品販売と代金回収との期間が短ければ貸し倒れが少なくなります。これらの条件を最大限満たす現実的な回収方法、それは銀行振込での回収です。得意先が小切手や手形での支払を希望した場合でも、金利分を割引く等して、早期の振込回収にしていきましょう。

また集金に回るのも人手と時間がかかります。振込手数料をこちらが負担しても、回収にかかる時間や人件費、交通費、印紙代等を考えれば安いものです。事故や盗難の心配もありません。安全、省力化、コスト削減等の効果から代金回収は、銀行振込による方法を採用しましょう。

さらに普通預金に振込まれた記録は得意先名の記載があり、そのまま売掛金の回収記録となります。一石二鳥どころか三鳥四鳥のいいことずくめです。

振込回収と手形回収の仕訳例

● 売上高108,000円を請求したときの仕訳

12月16日

売掛金　108,000円	売上　108,000円

振込料を差引かれて普通預金に入金した場合の仕訳

● 振込料864円を差引かれて回収した場合の仕訳

1月31日

普通預金　107,136円 支払手数料　864円	売掛金　108,000円

手形取引を振込とした場合の仕訳

● 手形回収した場合の仕訳

1月31日

受取手形　108,000円	売掛金　108,000円

● 手形が期日落ちしたときの仕訳

4月30日

当座預金　108,000円	受取手形　108,000円

● 手形を期日前に割引した場合の仕訳

2月1日

当座預金　107,000円 手形売却損　1,000円	受取手形　108,000円

● 振込料864円と割引料1,000円（金利分）を差引かれて回収した場合の仕訳

1月31日

普通預金　106,136円 売上値引料　1,000円 支払手数料　864円	売掛金　108,000円

➡ 手取り金額は減りますが、貸し倒れ、盗難紛失リスクや集金コストが軽減されます。

4 現金売上もすべて普通預金に入金しましょう

現金出納帳への記帳が少なくなります

現金商売をする会社の場合、通常、現金売上を現金出納帳に入金記帳し、経費を現金出納帳から支払います。

ただ、入出金取引を日々記帳することは、正直なところなかなか手間がかかります。

また、売上代金等の多額の現金が会社の中にあることは防犯上も問題です。

そこで、普通預金通帳に現金出納帳の役割を分担してもらいましょう。

1日の売上を1円単位まですべて普通預金に入金します。毎日毎日入金します。土曜日、日曜の売上等も、月曜日に曜日別に分けて入金します。

入金したら普通預金の印字された金額の横に「10日売上」とメモ書きしておけば後で集計するときにスムーズです。

経費の支払も極力自動引き落としにして、大口のものは普通預金から直接振込払にします。

現金出納帳に売上等の入出金を記載している場合

現金出納帳　売上入金・経費支払あり

日付	摘要	入金	出金	残高
12/ 1	前月繰越			56,800
12/ 5	電気料		12,500	44,300
12/ 8	リース料		8,200	36,100
12/10	現金売上（10日分）	136,500		172,600
12/10	普通預金より	15,000		187,600
12/12	現金売上（11日分）	147,000		334,600
12/12	現金仕入		84,000	250,600
12/12	現金売上（12日分）	104,000		354,600
12/13	現金売上（13日分）	106,000		460,600
12/14	水道料		3,200	457,400
12/14	交通費12/1～13 （電車・タクシー代）		8,260	449,140
12/14	現金売上（14日分）	57,500		506,640
12/14	新聞代		6,700	499,940
12/14	交通費12/14 （電車・タクシー代）		4,280	495,660

普通預金通帳　売上入金・経費支払なし

日付	摘要	入金	出金	残高
12/ 1	前月繰越			85,600
12/10	現金出納帳へ		15,000	70,600

普通預金に売上等を入れた場合

現金出納帳　売上入金なし経費支払あり

日付	摘要	入金	出金	残高
12/ 1	前月繰越			56,800
12/10	普通預金より	15,000		71,800
12/14	交通費12/1～13 （電車・タクシー代）		8,260	63,540
12/14	新聞代		6,700	56,840
12/14	交通費12/14 （電車・タクシー代）		4,280	52,560

普通預金通帳　売上入金・経費支払あり

日付	摘要	入金	出金	残高
12/ 1	前月繰越			85,600
12/ 5	電気料		12,500	73,100
12/ 8	リース料		8,200	64,900
12/11	売上12/10分	136,500		201,400
12/10	現金出納帳へ		15,000	186,400
12/12	売上12/11分	147,000		333,400
12/15	売上12/12分	104,000		437,400
12/15	仕入12/12分 振込支払		84,000	353,400
12/15	売上12/13分	106,000		459,400
12/15	水道料		3,200	456,200
12/15	売上12/14分	57,500		513,700

そして、必要最小限の現金を事業所に置くようにします。

前ページ、前々ページで、現金出納帳で売上等の入出金を記載しているケースと、普通預金に売上等を入れているケースの、現金出納帳及び普通預金通帳の記載を比較した例を紹介しました。

普通預金に売上等を入れると、現金出納帳が非常にすっきりすることに気づいてもらえると思います。必要最低限の出費だけ残り、あとは普通預金帳に記載されたわけです。

つまり、それだけ現金出納帳への記帳の手間が省けているということです。

この方法は、銀行があなたの会社の帳簿の一部をつくってくれるようなものです。

普通預金をうまく活用して効率的に経理を行いましょう。

5 経費の支払は自動振替支払制度を利用しましょう

■混雑する窓口に行くことほど時間のムダはありません

日々の経費の支払は、通常、小口現金で管理します。ですが、家賃、水道光熱費、電話代、新聞代等毎月、定期的に発生する支払を銀行へ行って、支払手続を行うのは効率的ではありません。最近は金融機関も統合を進めており、以前にもまして窓口が混雑しています。

このような経費の支払も、支払先に「自動引き落とし」の制度があるならば極力普通預金からの自動引き落としにしましょう。

もし自動引き落としができなければ「自動振替支払制度」の利用をおすすめします。「自動振替支払制度」は、こちらの手数料負担で普通預金から定時に定額を相手先に、自動的に振込む方法です。銀行までの交通費、往復の時間、銀行での待ち時間の無駄を考えると極めて効率的だと言えるでしょう。

間接業務には極力時間をかけず、その分を、本業に投入してください。

このような支払の手間を省くサービスを紹介していきましょう。

自動引き落としを利用しましょう

支払先の手数料負担でこちらの普通預金から引き落とす制度です。代表的なものに電気代や水道代等があります。しかし、公共料金以外でもこの制度を使っている会社は少なくありません。新聞代、事務用品代、雑誌の定期購読代、税理士の顧問料までこの制度が使えます。支払先に問い合わせてみてください。

定額自動振替サービスを利用しましょう

家賃等のように毎月同日に定額を支払う場合、便利な方法です。手数料はこちら負担ですが、支払を忘れたり振込の手間がかかったりすることを考えれば安いものです。

総合振込サービスを利用しましょう

仕入先等への支払には「総合振込サービス」を利用することをおすすめします。金融機関に取引先の名称、振込先金融機関、支店名、口座番号を事前に登録します。毎月、金融機関から振込先を登録した情報が印字された専用用紙が送られてきます。専用用紙に支払金額を記入して窓口で手続できます。手数料を多少値引く金融機関もあるようです。

また、インターネットでも総合振込の手続ができることもあり、その場合はより手間を省くことが可能となります。

■FAXサービスを利用しましょう

ＦＡＸサービスは、「総合振込サービス」と同様のサービスです。事前に登録した情報が印字された専用用紙に支払金額を記載し、金融機関にＦＡＸで送ることで、金融機関に行かずに手続が行えます。これも手数料は、一般の振込より多少値引かれます。

■インターネットバンキングを利用しましょう

パソコンを利用して支払を行えるサービスです。現在、この制度の利用が加速度的に増えています。自宅、事務所や店舗から振込手続、預金残高の確認、資金移動が瞬時にでき大変便利です。金融機関の手数料も格段に安く、最大の長所は金融機関に行くことなく振込や残高照会ができることです。

もっとも、ネット取引は気軽な反面、リスクも伴います。パスワードの管理等セキュリティーを万全にすると同時に、内部権限の分担や決済制度をしっかり確立しなければなりません。

6 仕入代金はすべて振込支払にしましょう

自動振込サービスで事務手続を効率化しましょう

仕入代金は通常の経費とは異なり金額も大きく、商慣習にしたがって「月末締めの翌月末払い」というような支払条件が定められています。現金払い、小切手払い、手形払い、振込払いといった支払方法も事前に取り決め、その後仕入先は、商品を納品。納品時に納品書を発行して、その納品書を締め日でまとめて集計し、請求書を作成、送付するのが一般的な流れです。

もし、あなたがこの仕入代金を現金払いで行う場合、あなたは代金を用意するため、支払日にわざわざ銀行まで行かなければなりません。仕入先との約束の時間に事業所で待ち、仕入先がきて現金を確認して、領収書を切ってもらい、さらに世間話が始まります。

仕入先との交流が悪いわけではありません。ですが、時間の効率利用も考えたいものです。

ここは金融機関の「自動振込サービス」を利用しましょう。このサービスに申し込み、事前に仕入先すべての振込先、金融機関名、支店名、預金の種類、口座番号を登録しておくと、毎月、金融機関から登録情報が印字された専用用紙が送られてきます。これに、金額を記載し、窓口がすいている日にでも、銀行に持ち込んでおけば、支払日に一括して支払ってくれます。月末等は窓口が混雑し、貴重な時間を無駄にしてしまいます。「インターネットバンキング」も利用して、できるだけ窓口に行かずに、効率よく事務手続をこなしましょう。

振込手数料の扱いに注意してください

仕入代金を支払うときの、振込手数料は差引いて支払うことが一般的です。仕入先の集金経費は先方負担といったところでしょうか。ただし取引条件によっては最初から振込手数料は支払う側が負担する場合もあります。特に代金が少額だと手数料倒れしてしまう可能性もあります。いずれにしても仕入先とこちらの力関係によるところです。

振込の控えを領収書としてもらいます

振込支払をしたときは「振込書控え」を領収証として保管するのが一般的です。仕入先があらためて領収書を作成すると印紙税や、郵送料等もかかります。取引開始時に話し合って、こちらが振込んだ「振込書控え」を領収書に代えることを決めておきましょう。そして、その分だけよい商品を安く納品してもらいましょう。

7 小切手、手形を使わずに取引してください

小切手、手形は時代遅れです

小切手や手形（受取手形・支払手形）は、代金決済の近代的方法として長い間商取引のスタンダードでした。

小切手は金額や規定の事項を記載した用紙で、受け取ったものは銀行を通して現金に換えます。現金より安全な決済手段ですが、銀行で現金にするまで時間がかかる難点がありました。

手形はさらに現金化の期日を指定して、数カ月後の資金化を約した用紙です。これも盗難や紛失に対して安全性の高いものですが、期日まで時間がかかることや、期日前に降り出した事業者が倒産した場合、不渡り手形となるリスクをはらんでいます。

近年の代金決済は小切手や手形取引から銀行振込に変わりつつあります。もうすでに変わったと言ってもいいでしょう。現代のビジネスはスピードが勝負です。小切手や手形はスピードに乗り遅れた過去の遺物なのかもしれません。

小切手や手形は、金融機関との取引がある程度長期に継続し、信用があると金融機関が判断した場合のみ、金融機関が用紙を交付してくれます。このような手続の煩雑さも小切手や手形の衰退を加速させているようです。

■小切手、手形にはコストとリスクがつきものです

他にも、小切手や手形のデメリットには次のようなものがあります。

①作成に時間がかかる

所定の用紙に金額振出日等所定の事項を記載し、支払相手先数の枚数を作成しなければなりません。

②手渡しで渡す

現金に代わる手段ですが、用紙を手渡しすることは変わりありません（郵送も可能ですが貴重品扱いで費用がかかります）。

③印紙代がかかる

手形は記載金額に応じ用紙に印紙をはらなければなりません。

④代金決済に時間がかかる

小切手・手形とも銀行がつくっている交換所を通して決済するため、受け取ってから現金化するまで時間がかかります。

⑤帳簿が複雑になる

小切手取引、手形取引は当座取引と呼ばれ、当座預金帳をつくることになります。普通預金と同じ預金取引がもう一つ生じるということです。また、手形は受取手形、支払手形と区分して期日まで管理する帳簿が必要になるのです。

このように考えると、小切手も手形も使用せず、代金支払も受取も普通預金通帳1冊で行えば、この取引が、単純で省力化に優れ、安全性も流動性にも優れた決済方法であることがわかると思います。

特に総務や経理に時間をかけたくない、創業したての株式会社であれば、なおさら採用すべき方法です。

もし、取引相手が手形取引を望むのであれば、手形の決済日までの期間の利息を値引きするかわりに振込にしてもらう等、早期に回収できるよう交渉しましょう。

8

消費税の計算には簡易課税という制度があります

■「簡易課税」という計算方法があります

消費税は、売上で受取った消費税（課税売上）から、仕入で支払った消費税（課税仕入）を控除したものを納税する仕組みです。

これを**「一般課税」**と言います（➡104ページ、290ページ）。

それに対して、売上にかかる消費税に業種ごとに定められた控除率をかけて計算した金額を、課税仕入額とする方法があります。実際の課税仕入は考慮できません。

これを**「簡易課税」**と言います。納税額の計算式は次の通りです。

課税売上の消費税（売上で受け取った消費税）
―課税売上の消費税×業種ごとの控除率（みなし仕入率➡221ページ）

簡易課税を選択する会社は課税事業者であることが前提です

新規の会社で基準期間（前々事業年度）がない、あるいは基準期間の課税売上高が1000万円以下である場合は、消費税の課税事業者とはなりません（「免税事業者」と言います）から、そもそも簡易課税について考える必要はありません。消費税の課税事業者となる会社は次の会社です。

①資本金額1000万円以上の会社（設立事業年度及びその翌事業年度）
②前々事業年度の課税売上高が1000万円超の会社
③「消費税課税事業者選択届書」を提出して、取り下げをしていない会社

なお、簡易課税を選択しても、基準期間の課税売上高が5000万円を超えると簡易課税で納税することはできません。

また、平成25年1月1日以後開始事業年度から、前事業年度の上半期（特定期間）の課税売上高または支払給与の合計額が1000万円超の会社は課税事業者となります。

資本金額が1000万円未満であっても、設立事業年度の課税売上高または支払給与の合計額が1000万円を超えると、翌事業年度は課税事業者となります。

「一般課税」と「簡易課税」の税額比較例（卸売業）

科目	本体価格	一般課税を選択した場合	簡易課税制度を選択した場合
売上高	15,000,000円	1,500,000円	1,500,000円
	預かった消費税	1,500,000円	1,500,000円
仕入高	9,000,000円	900,000円	みなし仕入れ率 1,500,000円 ×90%＝ 1,350,000円
給与	1,030,000円	0円	
家賃	1,800,000円	180,000円	
旅費交通費	450,000円	45,000円	
通信費	350,000円	35,000円	
消耗品費	280,000円	28,000円	
接待交際費	110,000円	11,000円	
荷造運送費	600,000円	60,000円	
雑費	130,000円	13,000円	
	支払った消費税	1,272,000円	みなし仕入控除 1,350,000円
	納付する消費税	228,000円	150,000円

一般課税

預かった消費税
1,500,000円

支払った消費税
1,272,000円

1,500,000円－1,272,000円
＝228,000円 ←納付する消費税

簡易課税

預かった消費税
1,500,000円

×（1 －みなし仕入率<90%>）
＝150,000円 ←納付する消費税

消費税法上の業種とみなし仕入率

業種	該当する事業	みなし仕入率
第一種事業*1	卸売業	90%
第二種事業*2	小売業	80%
第三種事業	農業、林業、漁業、鉱業、建設業、製造業、電気業、ガス業	70%
第四種事業*3	飲食店業　等	60%
第五種事業	運輸通信業、サービス業、金融保険業*4	50%
第六種事業	不動産業*4	40%

*1　第一種事業とは他の者から購入した商品を、そのまま手を加えずに、「事業者」に売却する事業を言います。
*2　第二種事業とは他の者から購入した商品を、そのまま手を加えずに、「消費者」に売却する事業を言います。
*3　その他自己において使用していた固定資産の売却も第四種事業に該当します。
*4　平成27年4月1日以降に開始する課税期間から適用します。

■帳簿づけの手間が大幅に緩和されます

簡易課税は、記帳する際に本体価格と消費税を分ける必要はないので記帳が簡単ですし、計算した課税仕入が実際の金額よりも多い場合、その分、納税額が少なくなります。仮に、簡易課税の方が納税額が高くても、時間をお金で買うという発想でいくのならば、この制度の選択をおすすめします。

ただし、一度簡易課税を選択すると2年連続の適用になります。多額の設備投資を予定している場合には、簡易課税では実際の課税仕入は一切考慮しませんので、設備投資の消費税は控除の対象にはなりません。

簡易課税の選択には届出が必要です

簡易課税の選択方法ですが、**選択しようとする事業年度開始の日の前日までに「消費税簡易課税制度選択届出書」**を所轄税務署に提出してください。

「消費税簡易課税制度選択届出書」を提出しなければ「一般課税」のままです。

9 消費税は税込処理で統一しましょう

作業量は税抜処理の半分です

通常、消費税を含んだ取引の処理のしかたは**「税抜処理」**と**「税込処理」**の2つの方法で経理処理されます。税抜処理で帳簿に記載した場合「仮払消費税」「仮受消費税」という勘定科目を使って処理します。

「税抜処理」と「税込処理」の実際を、次ページの現金出納帳の記載例で見てみましょう。「税込処理」で帳簿に記載する分量が、「税抜処理」の半分になることがわかると思います。省力化のため、日頃は「税込処理」で、決算時に消費税を「税抜処理」する方法をとりましょう。

また、消費者に対する「広告」や「値札」の価格表示では、消費税相当額を含んだ支払総額を表示する「総額表示方式」が義務づけられています。そのため、総額表示の支払を税抜区分しながら記帳することは、大変な労力を要します。

計算ミスや記載漏れを防止する意味でも「税込処理」の方が優れていると言えそうです。

消費税は税込処理の方が効率的

税抜処理

現金出納帳

日付	摘要	入金	出金	残高
12/ 1	前月より繰越			350,450
12/ 5	電気料		23,600	
12/ 5	仮払消費税		2,360	324,490
12/10	(株)ウェイブ売上	200,000		
12/10	仮受消費税	20,000		544,490
12/12	仕入代金支払MEC		100,000	
12/12	仮払消費税		10,000	434,490
12/15	水道料金		14,500	
12/15	仮払消費税		1,450	418,540

税込処理

現金出納帳

日付	摘要	入金	出金	残高
12/ 1	前月より繰越			350,450
12/ 5	課/電気料		25,960	324,490
12/10	課/(株)ウェイブ売上	220,000		544,490
12/12	課/仕入代金支払MEC		110,000	434,490
12/15	課/水道料金		15,950	418,540

■「課税」「非課税」「不課税」の区分は忘れずに

ただし記帳を「税込処理」で行う場合にもいくつか注意点があります。

帳簿に税込金額を記載する場合、取引を**「課税」「非課税」「不課税」**に区分することが大切です。

それぞれの費用の勘定科目の横に「課税取引」は無印、「非課税取引」の場合は「非」、「不課税取引」の場合は「不」というように手書きで記載して区分しましょう。消費税の申告時に便利です。

なお、商品を購入して「お品代」と記載してある領収証を受け取ったとき、その商品の内容が課税商品（ビール）と非課税商品（ビール券）である場合、同じ支払でも課税・非課税の区分をして記帳しなければなりません。

次ページ以降に、課税売上と課税仕入の判定表を掲載しますので参考にしてください。

課税売上の判定

勘定科目	内容	課税	非課税	対象外
売上	①商品や製品の売上	○		
	②サービスの提供	○		
	③輸出売上	○(0%)		
	④売上値引・割戻し(⑤参照)	○		
	⑤課税事業者でなかった期間の売上についての返品			○
	⑥家事消費	○		
	⑦土地の賃貸料		○	
	⑧駐車場の賃貸料(⑨参照)	○		
	⑨青空駐車場の賃貸料		○	
	⑩建物の賃貸料、共益費、礼金(居住用として賃貸)		○	
	⑪建物の賃貸料、共益費、礼金(居住用以外として賃貸)	○		
	⑫国外で開催されるイベント制作			○
	⑬商品券・切手・プリペイドカード・テレホンカードの売上		○	
雑収入	⑭買掛金期日前の支払による割引料	○		
	⑮掛売先への利子の別途請求分		○	
	⑯為替差益			○
	⑰現金過入金			○
	⑱自動販売機の手数料	○		
	⑲従業員への社宅貸付料		○	
	⑳従業員の社員食堂利用料	○		
	㉑保険金の入金			○
	㉒見舞金・餞別・祝い金			○
	㉓保険事務代行手数料	○		
	㉔優良な代理店への報奨金　等	○		
	㉕事業用の土地・借地権の売却		○	
	㉖事業用の建物・備品等の売却	○		

課税仕入の判定①

損益計算書

区分	勘定科目	内容	課税	非課税対象外
売上原価	仕入高	商品や製品の仕入	○	
		輸入仕入	○	
		免税事業者からの仕入	○	
		仕入値引･割戻･割引	○	
		商品券･切手･プリペイドカード等の仕入		○
	期首棚卸高	—		○
	期末棚卸高	—		○
経費	租税公課			○
	荷造運賃	宅配便代	○	
		輸出運賃･通関手続費用･輸出保管代		○
	水道光熱費	電気･ガス･水道･燃料代	○	
	旅費交通費	国内の交通費･出張費･日当	○	
		海外の交通費･出張費･日当		○
		通勤手当	○	
	通信費	通話料･郵送代･テレホンカード(自己使用)	○	
		国際電話･国際郵便		○
	広告宣伝費	見本品･販売促進用品のプリント代　等	○	
	接待交際費	飲食代･贈答品代	○	
		ゴルフプレー代	○	
		海外での飲食代　等		○
		見舞金･祝い金　等		○
		商品券･ビール券		○
		サッカーや野球のシーズンチケット	○	
	損害保険料	損害保険料		○
	修繕費	修繕費	○	
	消耗品費	消耗品費	○	
		海外から購入した消耗品		○
	減価償却費	—		○
	福利厚生費	社会保険料		○
		社員旅行(国内)	○	
		社員旅行(海外)		○
		慶弔見舞金		○
		忘年会費用･健康診断費用･夜食代	○	

課税仕入の判定②

損益計算書

区分	勘定科目	内容	課税	非課税対象外
経費	給料賃金	—		○
	外注工賃	—	○	
	利子割引料	利息·手形割引料·保証料		○
	地代家賃	地代		○
		住宅の家賃·管理費·更新料		○
		上記以外の家賃·管理費·更新料	○	
		駐車場の使用料	○	
	貸倒金	売掛金の貸倒	○	
		貸付金等の貸倒		○
	雑費		○	
引当金等	貸倒引当金繰戻	—		○
	貸倒引当金繰入	—		○
	専従者給与	—		○

製造原価の計算

区分	勘定科目	内容	課税	非課税対象外
製造原価	原材料仕入高	材料の仕入	○	
		材料仕入の値引·割戻·割引	○	
	期首原材料棚卸高	—		○
	期末原材料棚卸高	—		○
	外注工賃	—	○	
	電力費	—	○	
	水道光熱費	—	○	
	修繕費	—	○	
	減価償却費	—		○
	期首半製品·仕掛品棚卸高	—		○
	期末半製品·仕掛品棚卸高	—		○

課税仕入の判定③

貸借対照表

区分	勘定科目	内容	課税	非課税対象外
資産	現金預金	現金·当座預金·普通預金·定期預金等		○
	受取手形·売掛金	—		○
	有価証券	株券·出資金　等		○
	棚卸資産	購入時に仕入控除される		○
	前払金·貸付金	—		○
	建物	※取得価額に算入する租税公課は対象外	○	
	建物附属設備	〃	○	
	機械装置	〃	○	
	車両運搬具	〃	○	
	工具器具備品	〃	○	
	土地	土地の代金		○
		土地の取得価額に算入する仲介手数料　等	○	
	差入保証金（返還有）	—		○
	保険積立金			○
	ソフトウェア		○	
	繰延資産	同業者団体加入金		○
		フランチャイズシステム加入金	○	
		賃借建物（住宅用）の権利金		○
		賃借建物（住宅用以外）の権利金	○	
負債	支払手形·買掛金			○
	借入金·未払金			○
	前受金·預かり金			○
	貸倒引当金			○
資本	資本金			○

10 従業員の給与振込の銀行口座は事業の口座と同じ支店で開設しましょう

■雇用時に口座開設を義務づけてください

毎月、従業員、アルバイト、パートタイマー等へ支払う給与は、計算も大変ですが、支払も手間のかかる作業です。

今では、給料を現金で支払う会社はほとんど見かけなくなりました。現在のスタンダードは給与振込でしょう。

この給与振込ですが、従業員は雇用されると、自分の給与の振込先の銀行を届出るのが一般的です。このとき、少し工夫することで、その後の事務省力化に大きく貢献します。

雇用時に、会社で利用している銀行と同じ銀行の普通預金口座をつくることを義務づけるのです。雇用時に、従業員は身元保証書や年金手帳等、事業所へ提出する書類が多くあります。

この手続の中に、会社指定の金融機関に、従業員の普通預金口座をつくることを加えましょう。具体的なメリットを紹介します。

支払のスピードが速く、手数料も抑えられます

①金融機関への信頼が増します

会社預金口座や個人の預金口座さらに従業員の預金口座を集中させることで、金融機関への信頼を得ることができます。事業資金融資の申込み等をするときに、従業員の口座を含めた信用のポイントが高くなります。

②給与締め日と支払日が近くて済みます

銀行振込での給与支払は、中3日以上の営業日前に給与振替の用紙を持参しなければなりません。給与の支払日を仮に25日にした場合、金融機関へは21日に持ち込むことになります。この間に土曜日、日曜日が入るとさらに前にずれ込みます。

これが同一銀行であれば、最悪、持ち込みが間に合わなかったとしても、現金引き出しの同一銀行入金で手数料がゼロ、あるいは少額で振込処理できます。

③インターネットバンキングを利用すればさらに効率的です

同一行の場合、振込手数料がかからない銀行が多いようです。しかも給与計算が何かの事情で遅れても、通常振込で給料日当日に振込処理しても間に合います。

スピードと経済性の一石二鳥です。

第7章

1年間の事業のまとめです 決算を行いましょう

事業年度が終わったら決算を行い、決算書（損益計算書と貸借対照表）を作成しなければなりません。一連の手順を紹介しましょう。ここまで述べた帳簿をしっかりつけていれば決して難しい作業ではありません。1年間の事業のまとめです。しっかり行いましょう。

1
決算は1年の成績をまとめる手続です

■決算をして損益計算書と貸借対照表をつくります

事業年度におけるすべての取引を集計して、その1年の間にいくら儲かったかという経営成績と、その事業年度末現在の財政の状態を計算することを**「決算」**と言います。

この経営成績を表す書類を**「損益計算書」**と言い、財政状態を表す書類を**「貸借対照表」**と言います。会社は、この「損益計算書」と「貸借対照表」（この2つを合わせて**「決算書」**と言います）をもとに法人税の確定申告書を作成することになります。

決算の具体的な作業の流れを見ていきましょう。

①決算整理前残高試算表の作成

②当期末日現在の商品の在庫高の確認（たな卸）と明細表の作成

③当期に含まれる売上・仕入の範囲を確認

④当期に含まれる、もしくは含まれない費用や収入の確認
⑤固定資産のうち当期の費用とすべき金額を計上（減価償却費の計上）
⑥「精算表」の作成
⑦「損益計算書」「貸借対照表」「株主資本等変動計算書」及び「個別注記表」の作成
⑧法人税の確定申告書の作成

次項以降で詳細を説明していきます。

会社法では事業年度終了から3カ月以内に株主総会を開き、決算報告をしなければならないとされ、また法人税等は事業年度終了から2カ月以内に確定申告書を作成し提出しなければならないとされています。

決算とはこれらの法律の手続につながる大切な作業なのです。

決算整理前残高試算表を作成しておきます

決算で行わなければならないことを「決算整理事項」と言いますが、決算に着手する前に、まず**「決算整理前残高試算表」**を作成してください。

175ページでも紹介しましたが、残高試算表とは、勘定科目の残高を集計した計算表のことを言います。

取引が発生した場合、原則、**「入金伝票」「出金伝票」「振替伝票」**もしくは**「仕訳（日記）帳」**に仕訳の記録をし、各勘定科目を総勘定元帳に転記していきます。

この勘定科目の記録から、少なくとも月に1回は、残高試算表を作成することによって、期中の取引に転記ミスがないかを検証します。

この残高試算表を集計したものが、決算整理前残高試算表です。

決算整理前残高試算表は勘定科目の貸借が一致していなければなりません。転記ミスや記帳漏れがあればこの段階で修正しておきます。

「決算整理前残高試算表」と総勘定元帳を用意したら、いよいよ決算整理に着手しましょう。

「決算整理前残高試算表」記載例

決算整理前残高試算表

株式会社リザルト

自令和○年10月1日
至令和○年3月31日

勘定科目	借方残高	勘定科目	貸方残高
現金	368,065	短期借入金	3,370,000
普通預金	1,156,816	預り金	196,500
立替金	19,440	資本金	1
車両運搬具	2,500,000	売上	26,983,640
敷金	300,000	受取利息	15
長期前払費用	150,000		
創立費	270,000		
仕入	17,892,000		
役員報酬	1,800,000		
給料手当	1,260,000		
雑給	720,000		
賞与	450,000		
法定福利費	438,185		
交際費	352,945		
会議費	108,622		
旅費交通費	485,200		
通信費	85,967		
消耗品費	451,341		
事務用品費	54,878		
水道光熱費	18,523		
新聞図書費	9,125		
支払手数料	65,724		
車両費	289,567		
賃借料	1,050,000		
保険料	98,600		
租税公課	78,600		
雑費	32,858		
支払利息	43,700		
	30,550,156		30,550,156

貸借は必ず一致

2 事業年度終了日の在庫高を把握します

■ たな卸は実地で行うのが基本です

まずは**たな卸**からです。たな卸資産の評価方法や選択の方法は、すでに説明したので（⬇200ページ）、ここでは具体的なたな卸のやり方を見ていきましょう。

たな卸の方法は、実地たな卸が基本です。

事業年度終了の日（株式会社リザルトの場合は3月31日）に実際に店舗や工場にある商品等を目で確かめて数える方法です。

残っている商品や材料の数を、種類ごとに数え、それぞれに、評価方法で求めた単価を掛けて、事業年度終了日時点での在庫商品の金額を計算します。この金額は、期末に実地したたな卸の数量、単価を記録し、**「期末棚卸高明細表」**にしてまとめておきましょう。

たな卸は、基本的にはこの方法で行うのですが、店舗数が多かったり、商品数が多かったり、実地たな卸を1日で行う人数が足りなかったりすると、事業年度終了日1日で行うのは、困難

「期末棚卸高明細表」記載例

期末棚卸高明細表

令和○年3月31日現在

評価方法:最終仕入原価法
単価(円)

商品番号	数　量	最終仕入原価	税込価格
#01237	10ダース(120個)	4,200	504,000
合　計	10ダース(120個)		504,000

な場合があります。

このようなときは、事業年度終了日をはさんで前後数日に分けてたな卸を実施します。例えば株式会社リザルトの場合、29日にたな卸を実施したのであれば、29日の在庫に30日~31日の入荷分をプラスし、30日~31日の売上分を控除すると31日のたな卸資産の数が出ます。

会社の業種、規模によって工夫して行いましょう。

たな卸高を求めたら、売上原価がわかります

たな卸を行うと、売上原価を求めることができます。すでに200ページで述べましたが、売上原価とは、その年の売上に対応する

原価のことです。計算法は次の通りです。

①物品販売業や小売業（商品の場合）
期首商品たな卸高＋当期商品仕入高−期末商品たな卸高＝売上原価

②製造業（製品の場合）
期首製品たな卸高＋当期製品製造原価（＊）−期末製品たな卸高＝売上原価
（＊）当期製品製造原価＝期首仕掛品たな卸高＋当期総製造費用−期末仕掛品たな卸高

③建設業
期首未成工事支出金＋当期総工事費用−期末未成工事支出金＝当期完成工事原価

当期の売上高から、この売上原価を控除することで売上総利益も算定できます。

帳簿上のたな卸高と実地上たな卸高の調整が必要な場合があります

たな卸は実地で行うことが原則ですが、事業活動をしていると商品の破損や欠陥、腐敗等によって、販売用の商品とならないものも出てきます。

帳簿上のたな卸高と、実地たな卸高との相違が生じているわけです。このような減耗が経常的にあるときは、「たな卸資産減耗損」等という科目で改めて処理する必要はありません。

実地たな卸の数字を使うことによって、自動的にたな卸資産の減耗を含めた売上原価を計算することができます。

また商品としての機能はあるけれども、流行おくれや色あせ等販売に適さない商品がある場合は、通常「たな卸資産評価損」という科目で処理します。この「たな卸資産評価損」も事業上経常的に発生し、金額的に影響が少ないものは、売上原価の計算を通じて損金算入します。

次のような場合に、評価損とすることができます。

①災害により著しく損傷したこと
②著しく陳腐化したこと
③破損、型くずれ、棚ざらし、品質変化等により通常の方法によって販売することができないようになったこと等

なお、物価変動、過剰生産、建値の変更等によりたな卸資産の時価が低下しただけでは、評価損の計上はできません。

3 固定資産の減価償却費を計上してください

■今年経費化できる固定資産の額を計上します

株式会社では、長期間使用する固定資産は、通常の費用と異なり、購入時に全額を損金処理することは認められません。

これは、長期間使用する金額の大きい資産については、その資産を使用することができる期間で費用化するという考え方に基づいています。

この何年かにわたって費用化する計算を**「減価償却」**と言い、その費用の名称を**「減価償却費」**と言います。また、その資産の使用することができる期間は、税法上資産ごとに定められており、これを**「法定耐用年数」**と言います。254〜256ページの耐用年数表の一覧を参照してください。

具体的にどの資産が、減価償却の対象になり、どの資産が対象にならないかは次ページ、次々ページをご覧ください。

減価償却の対象となる資産

有形減価償却資産

- 建物及びその附属設備（暖冷房設備、照明設備、通風設備、昇降機その他建物に附属する設備を言います）
- 構築物（ドック、橋、岸壁、さん橋、軌道、貯水池、坑道、煙突その他土地に定着する土木設備または工作物を言います）
- 機械及び装置
- 船舶
- 航空機
- 車両及び運搬具
- 工具、器具及び備品（観賞用、興行用その他これらに準ずる用に供する生物を含みます）

無形減価償却資産

- 鉱業用（租鉱権及び採石権その他土石を採掘しまたは採取する権利を含みます）、漁業権（入漁権を含みます）、ダム使用権、水利権、特許権、実用新案権、意匠権、商標権、ソフトウェア、育成者権、営業権、専用側線利用権、鉄道軌道道路通行施設利用権、電気ガス供給施設利用権、熱供給施設利用権、水道施設利用権、工業用水道施設利用権、電気通信施設利用権
- 次に掲げる生物（工具、器具及び備品に掲げる生物を除きます）
  ❶牛、馬、豚、綿羊、やぎ
  ❷かんきつ樹、りんご樹、ぶどう樹、なし樹、桃樹、桜桃樹、びわ樹、栗樹、梅樹、かき樹、あんず樹、すもも樹、いちじく樹、パイナップル
  ❸茶樹、オリーブ樹、つばき樹、桑樹、こりやなぎ、みつまた、こうぞ、もう宗竹、アスパラガス、ラミー、まおらん、ホップ

減価償却の対象とされない資産

●少額の減価償却資産

事業の用に供する減価償却資産で、使用可能期間が1年未満のものまたは取得価額が10万円未満のもので、減価償却資産としないでその取得価額の全額をその事業の用に供した日の属する事業年度の損金に算入したもの

●減耗しない資産

❶土地及び土地の上に存する権利
❷電話加入権（携帯電話や自動車電話の利用権を除きます）
❸書画、骨とうなど（複製のようなもので、単に装飾的目的だけに使用されるものを除きます）

●たな卸資産や建設または製作中の資産

●一括償却資産

事業の用に供している減価償却資産で、その取得価額が20万円未満であるもののうち、その減価償却資産の全部または一部を一括して、その一括した減価償却資産の取得価額の合計額の3分の1に相当する金額を、その事業の用に供した年以後3年間の各事業年度にわたり損金に算入したもの

●中小企業者の少額減価償却資産

青色申告法人で中小企業者等に該当するものが、取得価額が30万円未満の減価償却資産（平成18年4月1日以降に事業に供した減価償却資産については、1事業年度に300万円を限度とします）を取得し、その事業に供した日を含む事業年度において、その取得価額に相当する金額を損金に算入したもの

定額法か定率法かを選び減価償却費の額を計算します

減価償却の計算には「定額法」「定率法」の2つの方法があります（⬇102ページ。）

①定額法は毎年一定の金額を経費化します

毎年一定金額を費用として計上する方法です。算式で表すと次のようになります。

平成19年3月31日までに取得した場合

資産の取得価額×0・9×定額法償却率＝その事業年度に計上できる減価償却費限度額

【残存簿価が取得価額の95％に達した場合】

（取得価額−取得価額の95％相当額−1円）×（償却を行う事業年度の月数／60）

＝その事業年度に計上できる減価償却費限度額

平成19年4月1日以後に取得した場合

資産の取得価額×定額法償却率＝その事業年度に計上できる減価償却費限度額

【残存簿価が1円になるまで償却できます】

＊資産の取得価額とは、その資産の本体購入金額にその購入に要した手数料等の付随費用を加算したものです。
＊定額法の償却率とは、法定耐用年数ごとに定められている割合を言います。
＊その事業年度中に購入した資産は、使用した月数により月割計算します。
＊この限度額の範囲内で、その事業年度の減価償却費を計上します。

この方法のメリットは、計算が簡単である点や費用の均等配分が行える点等です。

この方式を選択するためには税務署に届出を行う必要があります（➡102ページ）。

②定率法は最初に多くの金額を経費化します

初期に減価償却費を多く計上し、その後年々減価償却費が減少する方法です。

先に多くの費用を計上できるので、資産の購入金額の回収が早期に行われ一般的に有利と言われています。

償却方法を税務署に届出なければ、定率法が適用されます。ただし、平成10年4月1日以降に取得した建物及び平成28年4月1日以降に取得した建物附属設備・構築物については、定額法となります。算式で表すと次のようになります。

平成19年3月31日までに取得した場合

期首の資産の帳簿価額×定率法償却率＝その事業年度に計上できる減価償却費限度額

【残存簿価が取得価額の95％に達した場合】

（取得価額－取得価額の95％相当額－1円）×（償却を行う事業年度の月数／60）

＝その事業年度に計上できる減価償却費限度額

平成19年4月1日以後に取得した場合

【定率法の償却限度額が「調整前償却額≧償却保証額」の場合】

期首の資産の帳簿価額×定額法焼却率＝その事業年度に計上できる減価償却費の限度額

【定率法の償却限度額が「調整前償却額＜償却保証額」の場合】

改定取得額×改定償却率＝その事業年度に計上できる減価償却費の限度額

＊期首の資産の帳簿価額（前事業年度の決算書の未償却残高を言います）

＝資産の取得価額－過去に行った減価償却費の合計額

＊調整前償却額＝期首簿価×償却率

＊償却保証額＝取得価額×保証率

＊改定取得価額＝償却限度額が償却保証額より小さくなった年の期首簿価
＊定率法の償却率とは、法定耐用年数ごとに定められている割合を言います（➡２５７～２５８ページ）。
＊その事業年度中に購入した資産は、使用した月数により月割計算します。
＊この限度額の範囲内で、その事業年度の減価償却費を計上します。

■一括して償却できる資産があります

減価償却の対象となる資産の取得価額が10万円以上20万円未満のものは、１８０ページで紹介した「30万円未満の一括損金算入」の規定に代えて、３年間で均等に償却（1年当たり3分の1ずつ費用計上）することができます。この3年間で費用計上される資産を「一括償却資産」と言います。

「一括償却資産」のメリットは、事業用資産に対して課税される償却資産税（地方税）の課税対象にならないことが挙げられます。

これに対して、「30万円未満の一括損金算入」（資本金1億円以下で青色申告を選択している株式会社は、取得価額30万円未満の資産については、取得価格の合計額が３００万円までを限度とし、一括償却で損金に算入できる）を使って一括で損金算入した場合には、償却資産税の

定率法の計算例

取得価額50万円、耐用年数6年の減価償却資産

定率法の償却率　0.333
保証率　0.09911
改定償却率　0.334

年数	1	2	3	4	5	6	7
期首帳簿価額	500,000	333,500	224,445	149,705	99,845	66,494	33,143
償却限度額（調整前償却額）	166,500	111,055	74,740	49,851	33,251	22,142	11,036
償却保証額	49,555	49,555	49,555	49,555	49,555	49,555	49,555
改定取得価額×改定償却率					99,854×0.334 33,351	99,854×0.334 33,351	99,854×0.334 33,142
期末帳簿価額	333,500	222,445	149,705	99,854	66,494	33,143	1

定率法の減価償却費の計算法

- **1年目**
  期首帳簿価額に償却率をかけた償却限度額（166,500円）が期首帳簿価額に償却保障率をかけた償却補償額（49,555円）より大きい場合は、166,500円を償却費とします。
- **2年目以降**
  前年の期末帳簿価額に償却率をかけた償却限度額が償却補償額より大きい金額になる期間は、償却限度額を償却費とします。
- **5～6年目**
  期首帳簿価額に償却率をかけた償却限度額（33,251円）が償却保証額（49,555円）より小さい場合は、改定取得価額（*）に改定償却率をかけた金額33,351円を償却費とします。
- **7年目**
  期末帳簿価額の1円まで償却できます。

*改定取得価額とは、償却限度額（33,251円）が償却保証額（49,555円）より小さくなった年の期首帳簿価額（99,854円）を言う。

対象になります。

中古資産の耐用年数はどう計算するか

なお、中古で資産を取得した場合には、その前述した耐用年数の期間をそのまま使用することはできません。

中古資産を取得した場合には、次の計算式により、計算することになります。

その年数に1年未満の端数があるときは、その端数を切捨て、その年数が2年に満たないときは2年とします。

①法定耐用年数の全部を経過している場合
法定耐用年数×0・2＝中古資産の耐用年数

②法定耐用年数の一部を経過している場合
法定耐用年数－経過年数×0・8＝中古資産の耐用年数

■固定資産台帳をつくり、記帳、管理しましょう

減価償却費の計算方法を簡単に紹介しましたが、この、事業の用に供している固定資産は、その動きを管理する帳簿である固定資産台帳で管理します。

固定資産台帳に記載すべき資産は、減価償却の対象になる固定資産と同じになります。書き方の具体例は259ページを参照してください。

「減価償却資産」耐用年数表①

	構造・用途	細目			耐用年数
建物	鉄骨鉄筋コンクリート造 鉄筋コンクリート造のもの	事務所用のもの			50
		住宅用のもの			47
		飲食店用のもの	延面積のうちに占める木造内装部分面積が3割を超えるもの		34
			その他のもの		41
		店舗用のもの			39
		車庫用のもの			38
		工場用・倉庫用のもの			38
	金属造のもの	事務所用のもの	骨格材の肉厚が	4mmを超えるもの	38
				3mmを超え、4mm以下のもの	30
				3mm以下のもの	22
		店舗用・住宅用のもの	骨格材の肉厚が	4mmを超えるもの	34
				3mmを超え、4mm以下のもの	27
				3mm以下のもの	19
		飲食店用・車庫用のもの	骨格材の肉厚が	4mmを超えるもの	31
				3mmを超え、4mm以下のもの	25
				3mm以下のもの	19
		工場用・倉庫用のもの	骨格材の肉厚が	4mmを超えるもの	31
				3mmを超え、4mm以下のもの	24
				3mm以下のもの	17
	木造のもの	事務所用のもの			24
		店舗用・住宅用のもの			22
		飲食店用のもの			20
		車庫用のもの			17
		工場用・倉庫用のもの			15
建物附属設備	店用簡易装備				3
	冷暖房設備				13
	電気設備（照明設備を含む）	蓄電池電源設備以外のもの			15
	給排水・衛生設備、ガス設備				15

「減価償却資産」耐用年数表②

	構造用途	細目				耐用年数
車両運搬具	一般用	自動車(二輪·三輪自動車を除く)	小型車(総排気量が0.66リットル以下のもの)			4
			その他のもの	貨物自動車	ダンプ式のもの	4
					その他のもの	5
				報道通信用のもの		5
				その他のもの(一般の乗用車)		6
		二輪自動車				3
	運送事業用	自動車(含二輪·三輪自動車、乗合自動車を除く)	小型車			3
			大型乗用車			5
			その他			4
		乗合自動車				5
器具及び備品	家具·電気機器·ガス機器·家庭用品	事務机、事務いすキャビネット	主として金属製のもの			15
			その他のもの			8
		応接セット	接客業用のもの			5
			その他のもの			8
		ベッド				8
		児童用机、いす				5
		陳列だな、陳列ケース	冷凍機付·冷蔵機付のもの			6
			その他のもの			8
		その他の家具	接客業用のもの			5
			その他のもの	主として金属製のもの		15
				その他のもの		8
		ラジオ、テレビジョン、テープレコーダーその他の音響機器				5
		冷房用·暖房用機器				6
		電気冷蔵庫、洗濯機、その他これらに類する電気ガス機器				6
		氷冷蔵庫、冷蔵ストッカー(電気式のものを除く)				4
		カーテン、座ぶとん、寝具、丹前、その他これらに類する繊維製品				3
		じゅうたんその他の床用敷物	小売業·接客業用·放送用·レコード吹込用·劇場用のもの			3
			その他のもの			6
		室内装飾品	主として金属製のもの			15
			その他のもの			8
		食事·厨房用品	陶磁器製·ガラス製のもの			2
			その他のもの			5
		その他のもの	主として金属製のもの			15
			その他のもの			8

「減価償却資産」耐用年数表③

	構造用途	細目			耐用年数
器具及び備品	事務機器、通信機器	電子計算機	パソコン(サーバー用を除く)		4
			その他のもの		5
		複写機、計算機(電子計算機を除く)、タイムレコーダーその他これらに類するもの			5
		その他の事務機器			5
		ファクシミリ			5
		インターホーン、放送用設備			6
		電話設備その他の通信機器	デジタル構内交換設備、デジタルボタン電話設備		6
			その他のもの		10
	光学機器写真製作機器	カメラ、映画撮影機、映写機、望遠鏡			5
		引伸機、焼付機、乾燥機、顕微鏡、その他の機器			8
	看板、広告器具	看板、ネオンサイン、気球			3
		マネキン人形、模型			2
		その他のもの	主として金属製のもの		10
			その他のもの		5
	金庫	手さげ金庫			5
		その他のもの			20
	理容または美容機器				5
	医療機器	消毒殺菌用機器			4
		手術機器			5
		血液透析または血しょう交換用機器			7
		ハバードタンクその他の作動部分を有する機能回復訓練機器			6
		調剤機器			6
		歯科診療用ユニット			7
		光学検査機器	ファイバースコープ		6
			その他のもの		8
		その他のもの	レントゲンその他の電子装置を使用する機器	移動式のもの、救急医療用のもの及び自動血液分析器	4
				その他のもの	6
			その他のもの	陶磁器製またはガラス製のもの	3
				主として金属製のもの	10
				その他のもの	5

平成24年4月1日以後に取得した減価償却資産の定率法償却率、改定償却率及び保証率

耐用年数	償却率	改定償却率	保証率
2	1.000	—	—
3	0.667	1.000	0.11089
4	0.500	1.000	0.12499
5	0.400	0.500	0.10800
6	0.333	0.334	0.09911
7	0.286	0.334	0.08680
8	0.250	0.334	0.07909
9	0.222	0.250	0.07126
10	0.200	0.250	0.06552
11	0.182	0.200	0.05992
12	0.167	0.200	0.05566
13	0.154	0.167	0.05180
14	0.143	0.167	0.04854
15	0.133	0.143	0.04565
16	0.125	0.143	0.04294
17	0.118	0.125	0.04038
18	0.111	0.112	0.03884
19	0.105	0.112	0.03693
20	0.100	0.112	0.03486
21	0.095	0.100	0.03335
22	0.091	0.100	0.03182
23	0.087	0.091	0.03052
24	0.083	0.084	0.02969
25	0.080	0.084	0.02841

耐用年数	償却率	改定償却率	保証率
26	0.077	0.084	0.02716
27	0.074	0.077	0.02624
28	0.071	0.072	0.02568
29	0.069	0.072	0.02463
30	0.067	0.072	0.02366
31	0.065	0.067	0.02286
32	0.063	0.067	0.02216
33	0.061	0.063	0.02161
34	0.059	0.063	0.02097
35	0.057	0.059	0.02051
36	0.056	0.059	0.01974
37	0.054	0.056	0.01950
38	0.053	0.056	0.01882
39	0.051	0.053	0.01860
40	0.050	0.053	0.01791
41	0.049	0.050	0.01741
42	0.048	0.050	0.01694
43	0.047	0.048	0.01664
44	0.045	0.046	0.01664
45	0.044	0.046	0.01634
46	0.043	0.044	0.01601
47	0.043	0.044	0.01532
48	0.042	0.044	0.01499
49	0.041	0.042	0.01475
50	0.040	0.042	0.01440

「固定資産台帳」記載例

資産コード　1000000　－　1

資産名	車両運搬具		
所在地	新宿区西新宿2-33-44	細目	練馬あ××－××
構造	トヨト　マークY	数量	1台
取得年月日	H26.10.25	耐用年数	6年
償却方法	定率法	取得価額	1,700,000
償却率	0.333	除去等年月日	

備考

年月日	摘要	取得価額	除却·償却	帳簿価額
H26.10.25	新品取得	1,700,000		1,700,000
H27. 3.31	減価償却費		283,050	1,416,950

株式会社　リザルト

資産コード　1000000　－　2

資産名	車両運搬具		
所在地	新宿区西新宿2-33-44	細目	練馬い××－××
構造	トヨト　ハイアース	数量	1台
取得年月日	H27.1.3	耐用年数	4年
償却方法	定率法	取得価額	800,000
償却率	0.500	除去等年月日	

備考
法定耐用年数6年、経過期間2年
∴耐用年数　(6年−2年)+2年×20%=4年

年月日	摘要	取得価額	除却·償却	帳簿価額
H27. 1. 3	中古取得	800,000		800,000
H27. 3.31	減価償却費		100,000	700,000

株式会社　リザルト

4 繰延資産の減価償却費を計上してください

■今年経費化できる繰延資産の額を計算します

繰延資産とは支出をした費用の効果がその支出のときだけでなく、将来にわたって及ぶものを言います。このような費用は、支出した年度に一括して費用にするのではなく、その効果の及ぶ期間（償却期間）に分けて費用計上します。繰延資産の一覧を次ページにまとめました。

繰延資産は、会社法と税法では若干異なる取り扱いになっています。税法上定められた繰延資産以外のものについては原則、随時償却で損金算入ができることになっています。ですが、会社の初年度の利益が、創業費や開業費の一括償却で赤字になるようでは、1年間の正確な期間損益とは言えません。なだらかに数年で費用化する方が期間損益計算の趣旨にあっているため、そのようなものについては、会社法で定められている償却期間で償却する方が望ましいでしょう。なお、20万円未満の繰延資産については、その事業年度の費用として、その全額を損金経理することができます。

「繰延資産」の種類

会社法上の繰延資産

種　　類	内　　容	償却年数
創立費	創立時の設立登記費用、発起人報酬など	5年（法人税法上随時償却）
開業費	設立後、開業するまでの間に特別に支出した開業準備費用	5年（法人税法上随時償却）
開発費	新たな技術、経営組織の採用、資源開発、市場開拓のために特別に支出した費用	5年（法人税法上随時償却）
株式交付費	株式の印刷費、資本等の登記のための登録免許税等の新株の発行のための支出	3年（法人税法上随時償却）
社債発行費	社債の印刷費、その他債券の発行のための支出	償還期間（法人税法上随時償却）

法人税法上の繰延資産

種　　類	細　　目	償却期間
公共的施設負担金	負担者が専ら使用するもの	その施設の耐用年数の7/10
	その他	その施設の耐用年数の4/10
共同的施設負担金	負担者等の共同の用に供されるもの	その施設の耐用年数の7/10
	共同のアーケード、日除け等一般公衆の用にも供されるもの	5年（耐用年数が5年未満の場合はその耐用年数）
建物を賃借りするための権利金	建物の新築に際し支払った権利金で大部分が賃借部分の建設費に該当し、建物の存続期間中賃借できる状況であるもの	その建物の耐用年数の7/10
	上記以外の権利金で、契約・慣習等により明渡しの際に借家権として転売できるもの	その建物の賃借後の見積耐用年数の7/10
	その他	5年（契約による賃借期間が5年未満で、契約の更新時に再び権利金の支払を要するときはその賃借期間）
電子計算機等の機器の賃借に伴う費用		その機器の耐用年数の7/10（契約期間の方が短い場合は契約期間）
ノウハウの頭金		5年（契約期間が5年未満で契約更新に際し再び頭金等の支払いを要する場合は、その契約期間）
宣伝広告用資産の贈与費用		その資産の耐用年数の7/10（5年を超える場合には5年）
スキー場のゲレンデ整備費用		12年
出版権の設定の対価		設定契約の存続期間（設定契約の存続期間の定めがない場合には3年）
同業者団体等の加入金		5年
職業運動選手の契約金　等		契約期間（契約期間の定めがない場合には3年）

5

当期に含まれる収入、費用、含まれない収入、費用を確認、計上します

期をまたいだ収益や費用の期間対応調整をします

会計の主な目的は、株式会社の適正な期間損益計算を行うことによって、1年間の正確な経営成績を明らかにすることです。

そこで、決算に当たり、1年間のすべての収益とこれに対応するすべての費用を計算します。

通常、事業年度の期間中の収益と費用は、実際の入金と支出の事実に基づいて計上されています。これを発生した期間に正確に振り分ける必要があるのです。

つまり、当期に入金しているけれども、当期の収益に含まれない場合（**前受収益**）、当期に支出しているけれども当期の費用に含まれない場合（**前払費用**）、当期に入金していないけれども当期の収益に含まれる場合（**未収収益**）、当期に支出していないけれども当期の費用に含まれる場合（**未払費用**）等の処理です。

それぞれの勘定科目上の処理については次の通りです。

①前受収益（負債科目）
いまだ提供していない役務に対して支払を受けた対価
②未収収益（資産科目）
すでに提供した役務に対していまだ支払を受けていない対価
③前払費用（資産科目）
いまだ提供されていない役務に対して先に支払われた対価
④未払費用（負債科目）
すでに提供された役務に対していまだその支払が終わっていない対価

具体的には、家賃や利息等、1回の契約に基づき継続的に発生する収益や時間的経過で費用化されるもの等が該当します。例えば、毎月月末に翌月分の家賃15万円を支払っている場合に、会社では、期中に費用処理していることになりますが、事業年度末に支払っているものは、翌期の初めの家賃です。そこで、この賃借料を前払賃借料15万円として、決算整理で資産項目に振替えることになります。

反対に、事業年度末に事業用の消耗品を購入し納品してもらい、翌期に支払をした場合、この代金は、未払消耗品費として、決算整理で負債項目に振替えます。

6 決算のための仕訳を行い、精算表をつくりましょう

これまでの手順を実際に行ってください

それでは、ここまでの作業を実際に行って、決算のための仕訳をしてみましょう。これを**決算整理仕訳**と言います。

これらの手続により正確な期間損益の計算ができ、貸借対照表も正しい数字になります。

まずは、決算整理前の残高試算表を用意します。この表の仕入勘定は、実際に当期中に仕入れた金額がそのまま計上されていますから、期首の在庫を加算し、期末の在庫を減算して（たな卸を行い「期末商品たな卸高」を出しておく必要があります）、売上原価を算定します。

次に、売掛帳、買掛帳で未計上を確認します。

固定資産や繰延資産については、取得したときまたは、期首の残高がそのまま計上されているはずです。これらの資産の当期の価値の減少分、減価償却費等を算定し計上します。

さらに、当期中に支払った費用や受け取った収益の中には、翌期の費用や収入が含まれてい

るかもしれません。反対に当期の収益や費用になるはずのこれらの収益や費用が、まだ、入金されていなかったり、支払っていなかったりということも考えられます。

これらの収入や費用も当期分と翌期分とを正しく認識する必要があります。前払費用、前受収益、未収収益、未払費用の計上です。

最後に法人税等の計上をします。なお、法人税等の計算については、283ページ以降で紹介していますのでそちらを参考にしてください。

精算表ができたら、それをもとに決算書をつくります

決算整理仕訳が終わったら、次ページのような「精算表」をつくりましょう。

精算表には試算表欄、修正記入欄、損益計算書欄、貸借対照表欄があります。

試算表欄には、決算整理前残高試算表の金額をそのまま記載します。修正記入欄には、今行った、決算整理仕訳を記載します。

損益計算書欄には、収益と費用の項目を、貸借対照表欄には、資産、負債及び、純資産の項目を記載します。そして、損益計算書欄と貸借対照表欄の当期純利益の金額が一致していれば精算表の完成です。

この精算表をつくることで、次項以降で扱う損益計算書、貸借対照表が作成できます。

損益計算書		貸借対照表	
借方	貸方	借方	貸方
		368,065	
		1,156,816	
		19,440	
		2,112,050	
		300,000	
		37,500	
			3,370,000
			196,500
			1
	26,983,640		
17,892,000			
1,800,000			
1,260,000			
720,000			
450,000			
438,185			
352,945			
108,622			
485,200			
85,967			
451,341			
54,878			
18,523			
9,125			
65,724			
289,567			
1,087,500			
98,600			
78,600			
32,858			
	15		
43,700			
		504,000	
	504,000		
387,950			
270,000			
		75,000	
355,600			
			355,600
650,770			650,770
27,487,655	27,487,655	4,572,871	4,572,871

「精算表」記載例

勘定科目	試算表 借方	試算表 貸方	修正記入 借方	修正記入 貸方
現金	368,065			
普通預金	1,156,816			
立替金	19,440			
車両運搬具	2,500,000			387,950
敷金	300,000			
長期前払費用	150,000			112,500
創立費	270,000			270,000
短期借入金		3,370,000		
預り金		196,500		
資本金		1		
売上		26,983,640		
仕入	17,892,000			
役員報酬	1,800,000			
給料手当	1,260,000			
雑給	720,000			
賞与	450,000			
法定福利費	438,185			
交際費	352,945			
会議費	108,622			
旅費交通費	485,200			
通信費	85,967			
消耗品費	451,341			
事務用品費	54,878			
水道光熱費	18,523			
新聞図書費	9,125			
支払手数料	65,724			
車両費	289,567			
賃借料	1,050,000		37,500	
保険料	98,600			
租税公課	78,600			
雑費	32,858			
受取利息		15		
支払利息	43,700			
合計	30,550,156	30,550,156		
商品			504,000	
期末商品棚卸				504,000
減価償却費			387,950	
創立費償却			270,000	
前払費用			75,000	
法人税等			355,600	
未払法人税等				355,600
当期純利益				
合計			1,630,050	1,630,050

7 貸借対照表をつくります

■「資産」「負債」「純資産」ごとに記入しましょう

株式会社には、事業年度の末日における財政状態を表す**「貸借対照表」**の作成が義務づけられています。

「貸借対照表」には、その会社の資金の運用を示す**「資産」**と、資金の調達を示す**「負債」**及び会社の正味財産である**「純資産」**が表示されています。

その株式会社に財産がどのくらいあるのか、あるいは、借入金がどれくらいあるのかを把握することによって、その株式会社の財務状態が、安定しているか、どうかがわかるわけです。

それぞれの項目を見ていきましょう。

まず「資産」は、**「流動資産」「固定資産」「繰延資産」**に分けられます。

「流動資産」は、**「現預金」「売掛金」「たな卸資産」**等決算日から1年以内に現金化できる短期保有資産が計上されます。

「貸借対照表」記載例

貸借対照表

株式会社　リザルト

単位:円

令和○年3月31日現在

【資産の部】		【負債の部】	
【流動資産】		【流動負債】	
現金	368,065	短期借入金	3,370,000
普通預金	1,156,816	未払法人税等	355,600
商品	504,000	預り金	196,500
立替金	19,440		
前払費用	75,000		
(小計)	2,123,321	(小計)	3,922,100
【固定資産】		【純資産の部】	
【有形固定資産】		資本金	1
車両運搬具	2,112,050		
(小計)	2,112,050		
【投資その他の資産】		【利益剰余金】	
敷金	300,000	繰越利益剰余金	650,770
長期前払費用	37,500		
(小計)	337,500	(小計)	650,771
合　計	4,572,871	合　計	4,572,871

(注)有形固定資産の減価償却累計額　387,950円

「固定資産」とは、建物、工具器具備品等**「有形固定資産」**、営業権等**「無形固定資産」**、**「投資その他の資産」**等1年を超える長期の保有を目的とする資産が計上されます。

「繰延資産」は、会社が支出する費用のうち、その支出した効果が将来に及ぶ費用で、創立費・開業費等の資産が計上されます。

一方、「負債」については**「流動負債」**と**「固定負債」**に分けられます。

「流動負債」は買掛金・短期借入金等の決算日から1年以内に支払わなければならない債務を計上します。

「固定負債」は長期借入金等の1年を超えて返済する債務を計上します。

最後に「純資産」の部ですが、資本金と利益剰余金等が記載されます。

前ページの株式会社リザルトの記載例を参考に「貸借対照表」の作成にとりかかりましょう。

8 損益計算書をつくります

■「売上総利益」「営業利益」「経常利益」「税引前当期純利益」「当期純利益」ごとに記入しましょう

「損益計算書」とは、その1事業年度の経営成績を見るための書類です。会社の収益がどのくらいあったのか、その収益をあげるために費用はどのくらい発生したのか、その結果利益がどのくらいあったのかがわかります。

株式会社が商品を販売すれば、売上です。

一方、商品の仕入や従業員給料等の販売費、一般管理費等を払えば会社の費用になります。

「損益計算書」の実績をもとに、今後の収益目標や費用の削減目標等を立てることで、経営計画の指標とすることができます。

損益計算書には5つの利益が表示されます。

「売上総利益」「営業利益」「経常利益」「税引前当期純利益」及び**「当期純利益」**です。

「売上総利益」とは、売上から売上原価を差し引いたもので、いわゆる**粗利**と呼ばれるものです。

「営業利益」とは、「売上総利益」から「販売費及び一般管理費」を差し引いたもので、主たる販売活動から生じた利益を言います。

「経常利益」とは、「営業利益」に、営業外損益を加減算して求めたもので、主たる販売活動以外も含めて生じた利益を言います。

「税引前当期純利益」とは、「経常利益」に、特別損益を加減算して求めたもので、税金を支払う前の当期の会社の利益となります。

最後に、「当期純利益」ですが、法人税や住民税等を差し引いた後の最終的な会社の利益となります。

次ページの株式会社リザルトの記載例を参考に「損益計算書」の作成にとりかかりましょう。

「損益計算書」の記載例

損益計算書

株式会社　リザルト

自令和○年10月 1日
至令和○年 3月31日

単位:円

I 売上高		26,983,640
II 売上原価		
当期商品仕入高	17,892,000	
合計	17,892,000	
期末商品棚卸高	504,000	
差引	17,388,000	17,388,000
【売上総利益】		9,595,640
III 販売費及び一般管理費		
役員報酬	1,800,000	
給料手当	1,260,000	
雑給	720,000	
賞与	450,000	
法定福利費	438,185	
交際費	352,945	
会議費	108,622	
旅費交通費	485,200	
通信費	85,967	
消耗品費	451,341	
事務用品費	54,878	
水道光熱費	18,523	
新聞図書費	9,125	
支払手数料	65,724	
車両費	289,567	
賃借料	1,087,500	
保険料	98,600	
租税公課	78,600	
減価償却費	387,950	
雑費	32,858	8,275,585
【営業利益】		1,320,055
IV 営業外収益		
受取利息	15	15
V 営業外費用		
支払利息	43,700	
創立費償却	270,000	313,700
【経常利益】		1,006,370
【税引前当期純利益】		1,006,370
法人税等		355,600
【当期純利益】		650,770

9 株主資本等変動計算書もつくります

資本の変動を明らかにする書類です

「株主資本等変動計算書」とは、「会社法」で貸借対照表、損益計算書とともに作成が義務づけられている書類です。

会社法では、期中に自由に配当ができ、貸借対照表や損益計算書だけでは、資本取引がわかりにくいため、純資産の部について、前期末残高から当期末残高が、どのように変動したかがわかるよう作成を求められるものです。

「株主資本等変動計算書」には、**「資本金」「資本剰余金」「利益剰余金」**等の項目ごとに、**「前期末残高」「当期変動額」「当期末残高」**を表示します。

「当期変動額」については、それぞれの変動事由ごとに変動額及び変動事由を明らかにする必要があります。

変動事由とは剰余金の配当、当期純利益等となります。

「株主資本等変動計算書」記載例

株主資本等変動計算書

自令和○年10月1日
至令和○年3月31日

単価(円)

		株主資本				
		資本金	資本剰余金	利益剰余金	株主資本合計	純資産合計
	前期末残高					
当期変動額	新株の発行	1				
	剰余金の配当					
	当期純利益			650,770	650,770	650,770
	その他					
	当期変動額合計	1		650,770	650,771	650,771
	当期末残高	1		650,770	650,771	650,771

10 個別注記表をつくります

貸借対照表等への注記事項で代替できます

「個別注記表」も作成が求められる書類です。決算書等で会社の財産または損益の状態を正確に判断するために、必要な事項を注記する必要があるのです。

注記とは、決算書を見ただけではわからない内容に補足を入れることで、決算書類をわかりやすくするためのコメントです。例えば有形固定資産の科目について、有形固定資産の科目から減価償却累計額を直接控除している場合、そのままだと控除額がわかりません。そこで、「有形固定資産の減価償却累計額は○○○円」と注記することで、実際の取得額を把握できます。

また、消費税の経理処理等も決算書類を見ただけではわからないので、税込処理なのか、税抜処理なのかをコメントすることで、損益が消費税を考慮した利益なのか、消費税を考慮しない純粋な利益なのかがわかります。

この表の作成に代えて、従来どおり貸借対照表等に注記事項として記載しても構いません。

第8章

税金の申告を行いましょう

決算が終わったら、税金の申告、納税を行わなければなりません。会社にはさまざまな税金が課税されます。原則、事業年度終了後2カ月以内に申告、納税する必要があります。手間も時間もかかります。決算終了後、すみやかにとりかかってください。主要な税金、申告、納税の手順とポイントを紹介します。

1 株式会社にはさまざまな税金がかかります

国税・地方税、賦課課税・申告納税とさまざまです

株式会社に対してはその経済行為に応じてさまざまな税金が課されます。

課税される税金も、その会社の事業としての経済行為に基づいて毎年経常的に課税されるものや、その会社の事業に関係なく特定の状況・経済行為に基づいて臨時に課税されるものとさまざまです。

前者の例としては、会社の事業活動から生じた利益等について課税される「法人税」等が挙げられます。

後者では、例えば特定の契約書を作成した場合に課税される「印紙税」、会社が不動産を取得した場合に課税される「不動産取得税」、不動産を保有し続ける限り毎年課税される「固定資産税」等が例として挙げられるでしょう。

ここでは個別の税金について説明する前に、税金の分類・課税のされ方についての基礎的な

考え方を簡単に説明します。

税金は課税主体の違いによって**「国税」**と**「地方税」**とに区別されます。「国税」とは、国（税務署）によって課税される税金を言い、「地方税」とは、都道府県や市町村等の地方公共団体によって課税される税金を言います。

また、税金は納税義務の確定のしかたで**「賦課課税制度」**と**「申告納税制度」**に大別されます。「賦課課税制度」とは、税務署等の税務官庁が納付すべき税額を決定し、それに基づき納税者が納付する制度を言います。

一方で、「申告納税制度」とは、納税者が自ら所得金額や税額を計算し、それに基づいて税務官庁に対して申告・納税する制度を言います。これは、納税者に自主的に課税対象となる所得金額や税額を計算・申告させることの見返りとして各種優遇措置を認めるという政策的趣旨に基づいて導入された制度です。

株式会社にかかわる税金で、特に重要なのは法人税、法人住民税、法人事業税、消費税です。

これらの税金は会社が存続する限り毎年納税しなければなりません。

この章では会社にとって特に重要なこの法人税、法人住民税、法人事業税、消費税の仕組みと納税について説明していきます。

主な税金と課税制度

「国税」と「地方税」の分類

国税	法人税·所得税·相続税·贈与税·消費税·酒税·登録免許税·印紙税　等
地方税	住民税·事業税·不動産取得税·固定資産税·事業所税　等

「賦課課税制度」と「申告納税制度」による分類

【「賦課課税制度」が適用される税金】

国税	加算税　等
地方税	個人住民税·個人事業税·固定資産税·不動産取得税　等

【「申告納税制度」が適用される税金】

国税	所得税·法人税·相続税·贈与税·消費税　等
地方税	法人住民税·法人事業税　等

2 納める法人税、法人住民税、法人事業税、消費税を計算してください

■管轄が異なるので申告先が異なります

法人税、法人住民税、法人事業税、消費税は、申告納税制度が採用されています。ですから、株式会社が自ら課税対象となる金額（所得金額）と税金を計算し、税務署等に申告しなければなりません。具体的な手続としては、その税目ごとに計算した所得金額・税額等の必要事項を記載した申告書を作成し、その税目ごとに、会社の所在地を管轄する税務官庁に提出し、納税します。

法人税、消費税は国税なので所轄の税務署に提出します。

一方で法人住民税と法人事業税は地方税に該当します。法人住民税のうち都道府県民税部分と法人事業税は都道府県税ですので、所轄の都道府県税事務所に提出します。

これらは1枚の申告書に住民税と事業税両方の金額等を記載して提出することになります。

また、法人住民税のうち市町村民税部分は所在地を管轄する市役所・町役場等に対して申告

します。なお、法人住民税についての特例的取り扱いとしては、会社の事務所等が東京都の特別区（23区）内に所在している場合は、都道府県民税分と市町村民税分の合計をその所轄する都税事務所にのみ申告を行えばよいことになっております。

■事業年度終了から2カ月以内に申告、納税します

申告書の申告期限と納付期限は、**その会社の事業年度終了の日の翌日から2カ月以内**と定められています。例えば、株式会社リザルトの場合は3月決算の法人ですから5月31日が申告期限となります（期限日が、土・日・祝日である場合には、これらの日の翌日）。税法には申告期限内に申告書を提出しないと、さまざまな特典がある青色申告を税務署から取り消される可能性がある（欠損金額の繰越控除は期限後でも可）ので、確定申告書は必ず申告期限内に提出しなければいけません。

なお、決算が事業年度終了の日の翌日から2カ月以内に確定しないような場合には、別途申請書を提出することによって、申告書の提出期限を1カ月延長することができます。株式会社リザルトの場合は、6月となります。

ただし、この提出期限の延長は法人税、法人住民税、法人事業税で認められているものであり、消費税では認められていません。株式会社リザルトの消費税の申告と納税は5月31日まで

に済ませなければいけません。

また、法人税等の申告書の提出期限は延長が認められますが、税金の納期限の延長は認められていないため、別途、延長された期間に係る利子税を負担しなければならない場合があります。

正しく申告しないと別途税金を払わなければいけません

万が一、申告期限までに申告書を提出せず、納付期限までに納税しなかった場合に、別途課税される罰則的な税金があります。

具体的には、申告期限までに申告しなかった場合には無申告加算税、実際に納付すべき税額より少ない金額で申告した場合には過少申告加算税、所得を仮装したり隠蔽したりするような悪質な場合には重加算税が課税されます。

これらに加えて、実際の納税額が、本来納付すべき金額よりも少なかった場合、その差額については、納期限から実際に納税した日までの期間について利息的な性格を有する延滞税も別途課税されることになります。

これらの税金は正しい申告をしていれば、本来、払う必要のない税金です。申告・納税する際は必ず事前に申告・納付期限を確認し、申告前にもう一度申告内容を見直すことができるように余裕を持って臨みましょう。

申告書の提出先・提出期限・納付期限

税目		提出先	提出期限	納付期限	提出期限の延長の可否
法人税		税務署	その事業年度終了の日の翌日から2カ月以内	同左	可
消費税		税務署			不可
法人住民税（＊）	都道府県民税	都道府県税事務所			可
	市町村民税	市町村（市役所・町役場等）			可
法人事業税		都道府県税事務所			可

＊東京都の特別区（23区）内のみに事務所等を有する会社については、都税事務所のみに提出します

法人税を計算しましょう

法人税とは、会社の所得（利益）に対して課税される税金を言います。個人の所得に対して課税される税金を所得税と言うのに対して、会社の所得に課税される税金を法人税と呼びます。

法人税の課税対象となる所得（課税所得）は、その会社の損益計算書上の収益から費用を差し引いた、会計上の利益をベースとしていますが、必ずしも会計上の利益そのものではありません。

それは、会社の決算書上の利益と法人税の課税所得とは、計算目的等が異なるからです。

おのおのの会社について個別に発生した会計上の収益・費用に関係なく、法人税では課税の公平という観点からすべての会社につい

て一定のルールに基づいて課税所得を計算する仕組みになっています。

会計上は費用に該当しても「法人税での費用」(「損金」と言います)に該当しない項目、逆に会計上は収益に該当しても「法人税での収益」(「益金」と言います)に該当しない項目等について、会計上の収益・費用から法人税の課税所得へと変換させる作業が必要になるのです。

この作業を**税務調整**と言います。

法人税の課税所得の計算は、損益計算書上の「当期利益」がスタート地点となります。そして、会計上と税務上の考え方の違う部分を税務調整として、損益計算書上の「当期利益」に加算・減算して、法人税の課税所得を算出します。

具体的な算式は次のようになります。

課税所得=「当期利益」+「加算額」−「減算額」

この加算項目、減産項目については、次ページをご覧ください。

法人税の税率は、その法人の種類、すなわち一般的な事業を営む普通法人か公益法人であるかによって異なりますが、この本では一般的な普通法人について説明します。普通法人の税率は資本金の額、所得金額の多寡に応じて税率が変わります。

法人税の加算項目・減算項目と税率表

加算項目・減算項目の具体例

加算項目	益金算入	会計上は収益ではないが、課税所得に加算されるもの
		例:資産を無償で譲り受けた場合の受贈益　等
	損金不算入	会計上は費用であるが、課税所得に加算されるもの
		例:交際費・寄付金の損金算入限度超過額・法人税　等
減算項目	益金不算入	会計上は収益ではあるが、課税所得から控除されるもの
		例:受取配当・法人税等の還付金　等
	損金算入	会計上は費用ではないが、課税所得から控除されるもの
		例:繰越欠損金　等

税率表

法人の区分	課税所得金額の区分	税率
期末の資本の金額が1億円を超える法人	所得金額	23.2%
期末の資本の金額が1億円以下の法人	所得金額のうち年800万円以下の部分	15%
	所得金額のうち年800万円を超える部分	23.2%

(注)平成28年4月1日から平成29年3月31日までの間に開始する事業年度
(注)平成26年10月1日以後に開始する事業年度から法人税の納税義務のある法人は、地方法人税(課税標準法人税額×4.4%)の申告・納税が必要となります。

法人税は青色申告が有利です

税務署から承認を受けた場合に、青色申告書を提出できることは前述しました（➡178ページ）。法人税の申告書では青色申告を選択してください。

青色申告法人に認められている代表的な優遇措置として「青色欠損金の繰越控除」が挙げられます。「欠損金」とはその事業年度の益金の額よりも、損金の額が大きくて課税所得がマイナスになった場合を言います。欠損金が生じる事業年度については法人税は課税されません。

つまり、この制度は、その欠損金を9年間（平成29年4月1日以後に開始する事業年度において生じる欠損金の場合は10年）繰り越すことができるというものです。

例えば、設立初年度において欠損金が500万円生じたとします。翌期は業績を持ち直して黒字（課税所得）が300万円出ても、繰り越された欠損金500万円のうち300万円と相殺できるため、納税をする必要がありません。

また、残りの欠損金200万円は、さらに繰り越すことができます。翌々期に黒字が300万円出た場合、繰り越された欠損金200万円と相殺できるため、差し引き100万円のみが課税所得として法人税がかかります。このように、赤字（欠損金）の繰越ができることは、節税面で大きなメリットになります。

なお、欠損金が生じた青色申告法人のうち、期末の資本金の額が1億円以下の法人で、前事業年度に法人税を納めている場合には、「青色欠損金の繰越控除」の適用に代えて、前事業年度に納めた法人税の一部の還付を受けることができます。

これらの優遇措置を受けるためには、最低限、欠損金の出た事業年度、相殺したい事業年度に、青色申告書を期限までに提出している必要があります。提出期限は必ず守りましょう。

■法人住民税を計算しましょう

法人住民税とは、原則としてその都道府県・市区町村に事務所、事業所、寮等を有している会社が納める税金を言います。会社の事務所等の所在する都道府県と市町村に対して都道府県民税・市町村民税として納税します。ただし、東京都の特別区（23区）内のみに所在する会社は、都道府県税（都民税）だけが課税対象となります。

課税される法人住民税は、大きく分けて**「法人税割額」「均等割額」**の2つの要素から構成されています。

法人税割額は、法人税として申告する法人税額を基礎とした金額に対して、所得金額・資本金額の多寡に応じた税率を乗じて計算します。

法人住民税の内容

種　類	内　容
法人税割額	法人税額を基礎として課税される税金 （都道府県民税:1%・市町村民税:6% ※東京都特別区は7.0%または10.4%）
均等割額	会社の資本金・従業員数に応じて課税される税金 （都道府県民税:2～80万円・市町村民税:5～300万円）

均等割額は資本金額と従業員数を基礎として課税されるもので、会社の所得がどれだけ発生しているかは一切考慮しません。つまり、会社の所得が赤字でも必ず納税義務が生じます。

法人事業税を計算しましょう

法人事業税とは、法人が行う事業に対して課される税金を言い、会社の事務所等が所在する都道府県に対して都道府県税として納税します。法人事業税は、一定の業種を営む法人以外は原則として法人税の課税対象となる所得を基礎とした金額に対して課税されます。

この条件での税率は原則的な税率として定められたものです。法人事業税を定めている地方税法では、各都道府県がこの税率の1・

法人事業税の税率（東京都の場合）

○資本金の額が1億円以下の法人（年間所得額が2,500万円以下の場合）

所得区分（年額）	標準税率
❶ 400万円以下の部分	3.5%
❷ 400万円超800万円以下の部分	5.3%
❸ 800万円超の部分	7.0%
❹ 3以上の都道府県に事務所・事業所を設けて事業を行っている法人で、資本金の額または出資金の額が1,000万円以上のもの	7.0%

○資本金の額が1億円を超える法人

税率	所得割	年400万円以下の金額	1.18%
		年400万円を超え年800万円以下の金額	
		年800万円を超える金額	
	付加価値割	付加価値額（報酬給与額＋純支払利子＋純支払賃借料±単年度損益）	1.26%
	資本割	資本の金額（または出資金額）と資本積立金額の合計額	0.525%

2倍を超えない範囲内において税率を決定することを認めています。ですから、実際に法人事業税の計算をする際は、会社の所轄の都道府県税事務所に確認してください。

参考までに、東京都にあり、資本金の額が1億円以下、また年間の所得が2500万円以下の会社の税率は、上図に照らせば、❶3・5％、❷5・3％、❸❹7・0％です。

また、その事業年度の末日における資本金の額が1億円を超える会社については、法人事業税について外形標準課税が適用されることになります。

外形標準課税とは、その会社の事業活動の規模（資本金の額、人件費の額等）に応じて課税する制度を言います。

外形標準課税が適用される会社は、所得金

額に基づくもののほか、外形標準課税に基づく法人事業税も合わせて納税しなければなりません。

消費税を計算しましょう

消費税の課税事業者（➡221ページ）は消費税を納める義務があります。

納税する消費税額は、商品の販売・サービスの提供にかかる分として消費者から預かった消費税額から、商品の仕入・経費を支払った際に負担した消費税額を控除して、その金額を記載した消費税の申告書を事業年度終了の日から2カ月以内に提出します。

●一般課税の計算

売上にかかる消費税額ー仕入・経費にかかる消費税額

売上にかかる消費税の方が多い場合は、その差額について納税します。

反対に、仕入・経費にかかる消費税の方が多い場合は、その差額については消費税額の払い過ぎということで還付を受けることができます。

簡易課税を選択している場合の計算については、２２０ページをご覧ください。

それでは、いよいよ税金の申告、納付を行いましょう。

3 税務申告書を作成、提出して税金を納めます

税務申告書を作成しましょう

法人税の税務申告書は、決算報告書・勘定内訳明細書・税務申告書の3部で1セットになります。他の税金は基本的には税務申告書だけとなります。

本書では、具体的な記入法は省略しますが、これまでの作業を行えば、あとは手順に従ってそれぞれの申告書の必要項目に記入していくだけです。

申告書は、管轄の税務官庁から送付されてきますが、窓口でも入手できますし、法人税、消費税は以下の国税庁のホームページ（https://www.nta.go.jp/）からダウンロードできます。

法人住民税、法人事業税の申告書に関しても、東京都のように、ホームページからダウンロードできる自治体もあるようです。

ホームページ上や窓口には、記入の手引きもあります。

決して簡単な作業ではありませんが、ぜひチャレンジしてみてください。

もちろん、税理士に依頼することも可能です。税理士に頼む場合でも、自分で帳簿をつけ、会計ソフトに入力していれば、当然その分、料金は安くなります。反対に、すべてを丸投げしてしまえば、料金は割高になります。

慣れないうちは、提出は持参にしましょう

申告書の作成が終了したらいよいよその申告書を申告期限までに、会社の所在地を管轄する税務官庁に提出します。

法人税・法人住民税・法人事業税の申告は事業年度の終了の日の翌日から2ヵ月（延長申請している場合3ヵ月）以内に申告しなければなりません。

消費税は必ず2ヵ月（延長申請はなし）以内に申告しなければなりません。

申告書は基本的には2部作成します。税務署等に1部提出し、控えの1部に税務署等の受領印を押してもらいます。控えは大事に保管しておいてください。この申告書の控えは、その後金融機関から融資を受けたい場合や、官庁の許認可時、新規の得意先と取引を開始するとき等に提示を要求されることがあります。

提出は、自ら税務官庁の窓口で行うのが原則ですが、郵送によってでも受けつけてもらえます。

郵送による提出の場合には、申告書が実際に税務官庁に到達した日ではなく、その消印日を

もって税務官庁に提出があったものとされます。

郵送する際は、必ず書留郵便にしてください。あわせて控用を返却してもらうための切手をはり、こちらの住所を記載した返信用封筒を同封しておきます。

郵便での申告は、手間がかからない方法ですが、申告書の精度が高い場合に限ってください。間違いが多かったり、記載事項に不備があったりすると期限までの提出が認められない場合もあります。慣れないうちは直接税務官庁に持参した方がいいでしょう。

■納税は期限日の午後3時までに銀行で済ませましょう

納税は、事前に税務官庁から郵送された税務申告書に同封されている納付書に、自ら納付すべき税額を記載します。税務署だけでなく各金融機関の窓口でも納付できます。月末は各種の支払で銀行の窓口が混雑します。税務申告だけでなく納税も早めに済ませておきましょう。

なお、申告期限の延長をしている場合でも、納税の期限は事業年度終了の日の翌日から2カ月以内です。

■税務署等から控えが戻ってきたらファイリングしておきましょう

税務申告書を提出した後、会社控用分が返送されてきたら事業年度ごとにファイリングしておきましょう。またその事業年度の総勘定元帳、仕訳（日記）帳（仕訳伝票）、領収書、請求書等の財務資料もあわせて1パッケージとしておきます。

決算書と税務申告書の基礎データですので大事に保存するとともに、税務調査その他必要があるときにすぐ出せるようにしておきます。

■申告書の提出、納税をインターネットでしてみましょう

申告書の作成や提出に慣れてきたら、e-Taxにチャレンジしてみましょう。e-Taxとは、インターネットで国税に関する申告や納税、申請などを行うことができるシステムです。e-Taxを利用すれば申告書を提出する手間や、銀行に納税に行く手間が省けるので便利です。

e-Taxを利用するためには、あらかじめ公的認証機関から電子証明書を取得するとともに、税務署に利用開始届を提出し納税者識別番号を取得しなければいけません。また、電子証明書を読み取るために、電気屋さんに行ってICカードリーダライタを購入する必要があります。

なお、法人住民税や法人事業税についても、eLTAXを利用して電子申告・納税を行うことが可能です。

電子申告を行った場合にも、将来の税務調査などに備えて、提出したものと同じ内容の書類を用意して、そこに税務署に提出した日時や受付番号などを記録しておきましょう。

これで決算から申告までが、終了です。お疲れ様でした。

＊

さて、ここまで、株式会社の設立から、最初の事業年度終了までの各手続と経営実務を見てきました。あなたが誕生させた、株式会社という人格（法人）は、これから永い時間活動をしていきます。ぜひ、この株式会社を大きく成長させてください。収益をどんどん上げてください。利益をどんどん蓄積してください。

何年か後に「会社をつくってよかった」と思ってくださる日がくれば、それは著者である私たちにとってこの上ない喜びです。皆様のご活躍を心よりお祈り申し上げます。

定款モデル①

＊＊＊＊＊＊＊＊＊＊＊＊＊＊＊＊＊＊＊＊＊＊＊＊＊＊＊＊＊

株式会社　リザルト　　定款

＊＊＊＊＊＊＊＊＊＊＊＊＊＊＊＊＊＊＊＊＊＊＊＊＊＊＊＊＊

令和 ○ 年　9月 29日　作成
令和　　年　　月　　日　公証人認証
令和　　年　　月　　日　会社成立

定　款

第1章　総　　則

（商　　号）
第1条　当会社は、株式会社リザルトと称する。

（株）リザルトとしないこと。

（目　　的）
第2条　当会社は、次の事業を営むことを目的とする。
　1　コンピュータ部品の販売
　2　酒類の販売
　3　不動産の売買、賃貸、管理及びその仲介
　4　喫茶店の経営
　5　日用雑貨品の販売
　6　前各号に附帯関連する一切の事業

- 今後展開していきたい事業も記載しておく。
- いくつ記載しても構わない。
- 相互に関連性がなくてもよい。
- 最後に「前各号に附帯関連する一切の事業」と記載しておく。

（本店の所在地）
第3条　当会社は、本店を東京都新宿区西新宿二丁目33番44号に置く。

市区町村までの記載にする方法と、具体的に地番まで記載する方法がある（ここでは後者）。→34ページ

（公告方法）
第4条　当会社の公告は、電子公告によって行う。ただし、やむを得ない事由により電子公告を行うことができないときは官報に掲載して行う。

官報・日刊新聞紙・ホームページの3つの方法がある。→46ページ

第2章　株　　式

（発行可能株式総数）
第5条　当会社の発行可能株式総数は、10,000,000株とする。

将来の増資等を見越して記入。→42ページ

（株券の不発行）
第6条　当会社の株式については、株券を発行しない。

株主総会でもよい。

（株式の譲渡制限）
第7条　当会社の株式を譲渡するには、代表取締役の承認を受けなければならない。
　②　前項の承認を行わない場合、代表取締役は指定買取人を指定することができる。

（相続人等に対する株式の売渡し請求）
第8条　当会社は、相続その他の一般承継により当会社の株式を取得した者に対し、当該株式を当会社に売り渡すことを請求することができる。

（株主名簿の記載請求）

第9条　当会社の株式を取得した者が株主名簿への記載を請求するには、当会社所定の請求書に取得者及び株主名簿に記載又は記録された株主が記名押印して提出しなければならない。

②　上記以外の方法により株主名簿への記載を請求する場合は、請求書に取得したことを証する書面を添付しなければならない。

（質権の登録及び信託財産の表示）

第10条　当会社の株式につき質権の登録又は信託財産の表示を請求するには、当会社所定の請求書に当事者が記名押印して提出しなければならない。その登録又は表示の抹消についても同様とする。

（株主の住所等の届出）

第11条　当会社の株主及び登録された質権者又はその法定代理人若しくは代表者は、当会社所定の書式により、その氏名、住所及び印鑑を当会社に届け出なければならない。届出事項に変更を生じたときも、その事項につき、同様とする。

（株式の割当てを受ける権利等の決定）

第12条　当会社は、当会社の株式（自己株式の処分による株式を含む）を引き受ける者の募集において、株主に当該株式の割当てを受ける権利を与える場合には、その旨、その募集事項、及びその申込みの期日は、取締役の決定によって定める。

（基 準 日）

第13条　当会社は、毎事業年度末日の最終の株主名簿に記載又は記録された議決権を有する株主をもって、その事業年度に関する定時株主総会において権利を行使することができる株主とする。

②　前項のほか、株主又は質権者として権利を行使することができる者を確定するため必要があるときは、あらかじめ公告してそのための基準日を定めることができる。

第3章　株主総会

（招　　集）

第14条　当会社の定時株主総会は、事業年度末日の翌日から3カ月以内に招集し、臨時株主総会は、必要に応じて招集する。

②　株主総会を招集するには、会日より5日前までに、各株主に対して、その通知を発するものとする。

（招集手続の省略）

第15条　株主総会は、株主の全員の同意があるときは、招集手続を経ることなく開催することができる。

定款モデル④

（招集権者及び議長）

第16条　株主総会は、法令に別段の定めがある場合を除くほか、社長たる取締役が招集する。

②　株主総会の議長は、社長たる取締役がこれに当たる。

（決議の方法）

第17条　株主総会の普通決議は、法令又は定款に別段の定めがある場合を除き、出席した議決権を行使することができる株主の議決権の過半数をもって決する。

②　会社法第309条第2項に定める株主総会の特別決議は、議決権を行使することができる株主の議決権の3分の1以上を有する株主が出席し、その議決権の3分の2以上をもって決する。

第4章　取　締　役

（取締役の員数）

第18条　当会社の取締役は2名以内とする。

1人以上であれば何人でもOK。○名以内とすることで、その範囲内での増減であれば定款変更手続が不要。→36ページ

（取締役の選任）

第19条　当会社の取締役は、株主総会において議決権を行使することができる株主の議決権の3分の1以上を有する株主が出席し、その議決権の過半数の決議によって選任する。

2年から10年。→49ページ

（取締役の任期）

第20条　取締役の任期は、選任後10年以内に終了する事業年度のうち最終のものに関する定時株主総会の終結の時までとする。

②　任期満了前に退任した取締役の補欠として、又は増員で就任した取締役の任期は、他の取締役の任期の満了すべき時までとする。

（代表取締役及び社長）

第21条　当会社の取締役が2名以上ある場合は、そのうち1名を代表取締役とし、取締役の互選によってこれを定める。

②　代表取締役を社長とし、会社の業務を執行する。

（報 酬 等）

第22条　会社法第361条第1項に定める取締役の報酬等は、株主総会の決議をもって定める。

第5章　計　　算

（事業年度）

第23条　当会社の事業年度は、毎年4月1日から翌年3月31日までの年1期とする。

定款モデル⑤

（剰余金の配当等）

第24条　剰余金の配当は、株主総会の決議によって、毎事業年度末日現在における株主名簿に記載又は記録された株主又は質権者に対して支払う。

② 剰余金の配当は、その支払提供の日から満3年を経過しても受領されないときは、当会社はその支払義務を免れるものとする。

第6章　附　　則

（設立に際して出資される財産の価額）

第25条　当会社の設立に際して出資される財産の価額は、金1円とする。

（成立後の資本金の額）

第26条　当会社の成立後の資本金の額は、1円とする。

（最初の事業年度）

第27条　当会社の最初の事業年度は、当会社成立の日から令和○年3月31日までとする。

（設立時の役員）

第28条　当会社の設立に際しての役員は、次のとおりとする。

設立時取締役　　坂本久志
住　所　　埼玉県桶川市春日一丁目22番33号
設立時代表取締役　坂本久志

（発起人の氏名又は名称及び住所、割当てを受ける設立時発行株式の数等）

第29条　発起人の氏名又は名称及び住所、発起人が割当てを受ける設立時発行株式の数及び設立時発行株式と引換えに払い込む金銭の額は、次のとおりである。

埼玉県桶川市春日一丁目22番33号
普通株式　1株　1円　坂本久志

第30条　この定款に定めのない事項は、すべて会社法その他の法令によるものとする。

以上株式会社リザルトを設立のため、この定款を作成し、発起人が次に記名押印する。

令和　　年　9月　29日
○ 発起人　　坂本久志
㊞

㊞ 捨印を押印しておく。

執筆者紹介

東京シティ税理士事務所

税理士法人。1981年、山端康幸税理士事務所として個人事業スタート。2002年、税理士法人東京シティ税理士事務所と組織変更。"中小企業の税務会計"と"不動産・相続の税務"の2つの得意分野を持つ。多くの顧問会社の、経理・総務部門の省力化と低コスト化を実現する。

所属税理士

所長 代表税理士	山端康幸	副所長 パートナー税理士	村岡清樹
パートナー税理士	山端慶太	パートナー税理士	辛島正史
パートナー税理士	國田淳夫	リーダー税理士	林　雄一
税理士	欠下茂代	税理士	渡辺こずえ
税理士	新町聡子	税理士	丸山恵美
税理士	米山悟子	税理士	小林由美
税理士	川内美香	税理士	蔦　浩一
税理士	須佐美花	税理士	三木靖子
税理士	井上喜子	税理士	風巻朋子
税理士	鷺百合子	税理士	小﨑寧子
税理士	藤本知子	税理士	松永志保子

所在地

〒163-0437
東京都新宿区西新宿2-1-1　新宿三井ビル33階
TEL：03（3344）3301
E-mail：voice@tokyocity.co.jp

ホームページ：http://www.tokyocity.co.jp
相続税相談所：http://www.tokyocity.jp（相続税専門サイト）
遺言・相続税相談所：http://www.tokyocity.or.jp
（遺言・相続専門サイト）

編者紹介

山端康幸（やまはた・やすゆき）

東京シティ税理士事務所代表税理士
青森県生まれ。明治大学経営学部卒。個人の税務・中小企業税務を得意とする。個人事業の開業指導から、法人成り、法人経営指導、事業承継と企業経営と税務コンサルタントに定評。著書に『＜改訂２版＞らくらく個人事業開業のすべてがわかる本』『らくらく個人事業と株式会社「どっちがトク？」がすべてわかる本』（共著・あさ出版）等がある。

＜改訂《かいてい》2版《はん》＞らくらく
株式会社設立《かぶしきがいしゃせつりつ》＆経営《けいえい》のすべてがわかる本《ほん》　〈検印省略〉

2023年　7　月　29　日　第　1　刷発行

編　者――山端 康幸（やまはた・やすゆき）
著　者――東京シティ税理士事務所
発行者――田賀井 弘毅

発行所――株式会社あさ出版
〒171-0022　東京都豊島区南池袋 2-9-9 第一池袋ホワイトビル 6F
電　話　03（3983）3225（販売）
　　　　03（3983）3227（編集）
F A X　03（3983）3226
U R L　http://www.asa21.com/
E-mail　info@asa21.com
印刷・製本　美研プリンティング（株）

note　http://note.com/asapublishing/
facebook　http://www.facebook.com/asapublishing
twitter　http://twitter.com/asapublishing

ISBN978-4-86667-633-3 C2034